Gunhild Krämer-Kornja

ANNERSCHT
Ein Leben mit Contergan

Aufgeschrieben von
Regina Käsmayr

Bild Umschlagseite: Tina Laser

Impressum
© 2012 Regina Käsmayr

Herstellung und Verlag: Books on Demand GmbH, Norderstedt

ISBN 978-3-848202-15-7

Bibliografische Information der Deutschen Nationalbibliothek.
Die Deutsche Nationalbibliothek verzeichnet diese Publikation in der Deutschen Nationalbibliografie; detaillierte bibliografische Daten sind im Internet über dnb.d-nb.de abrufbar.

Gewidmet meinen Eltern und Geschwistern
(Gunhild Krämer-Kornja)

1. Kapitel:
Ein besonderes Kind

Als am Morgen des 14. April 1962 bei meiner Mutter die Wehen einsetzten, erwartete sie eine normale Hausgeburt, wie zuvor bei meinem Bruder und meiner Schwester. Meine Eltern und Geschwister lebten zusammen mit meinen Großeltern und meiner ledigen Tante in einem Haus. Es gab ein Plumpsklo im Hof und einen Ölofen im Bad, der immer samstags zum Baden angeheizt wurde. Ein eigenes Telefon hatten wir nicht. Deshalb lief mein Vater zu den Nachbarn und rief von dort aus die Hebamme an.

Bei den anderen Entbindungen hatte er die Hebamme noch mit dem Traktor im nächsten Dorf Damshausen abgeholt. Zu meiner Geburt kam sie bereits mit dem eigenen Auto. Es war die Zeit des Wirtschaftswunders. Die Menschen hatten Arbeit, bauten Häuser und kauften Autos. Sie schafften Geschirrspüler an, trugen Hemden aus Kunstfaser-Stoff und verehrten Freddy Quinn und Inge Meysel. Doch trotz aller Aufbruchsstimmung hatte der Weg in den Wohlstand auch seine Kehrseite: Vor allem die Frauen bogen sich unter der Last von Kindern, Haushalt und Arbeit. Man konnte es sich nicht leisten, wegen Schlafstörungen am nächsten Tag arbeitsunfähig zu sein. In Deutschland ging zu dieser Zeit jede dritte Frau abends mit dem Medikament Contergan ins Bett, das einen ruhigen Schlaf ohne Nebenwirkungen und toxische Belastung versprach. „Harmlos wie ein Zuckerplätzchen", sollte es laut Hersteller sein. Am Anfang ihrer Schwangerschaft mit mir hatte auch meine Mutter, auf Anraten ihres Hausarztes, ein paar Tabletten davon genommen. Sie dämpfte damit ihre anhaltenden Schmerzen von der anstrengenden Arbeit bei mehreren Landwirten im Dorf. Gleichzeitig hüllte eine Contergan-Pille sie endlich in den ersehnten traumlosen Tiefschlaf, den sie so bitter nötig hatte. Ein paar Mal hatte sie den Hausarzt gefragt, ob das Medikament in ihrem Zustand eingenommen werden dürfe. Und jedes Mal wies er sie darauf hin, dass es ausdrücklich für Schwangere empfohlen wurde und erfolgreich im Tierversuch getestet worden war. Im Vertrauen auf die Götter in Weiß schluckte sie einige Tabletten. Nicht viele. Doch genug, um mein Leben für immer zu verändern.

Ich wurde um 11.35 Uhr geboren. Meine Mutter merkte sofort, dass etwas anders war als sonst. Denn nach der eigentlich problemlos verlaufenen Entbindung packte die Hebamme mich sofort in Decken ein, zeigte meiner Mutter mein Köpfchen und legte mich dann weg, „Das muss sich jetzt erholen", sagte sie. „Lass es in Ruhe, das muss schlafen!"

Da war meine Mutter bereits hellhörig geworden. Sie hatte schon zwei Kinder bekommen und jedes Mal den Säugling im Arm halten dürfen. Warum wurde dieses Kind wie ein Bündel verschnürt und weggepackt?

Als die Hebamme den Raum verließ, um vom Nachbarn aus den Arzt anzurufen, hievte meine Mutter sich vom Bett hoch und ging hinüber zu der Wiege, in der ich lag. Sie wickelte die Decken auf und sah ein Baby mit sehr kurzen Armen und nur vier Fingern an jeder Hand. Zwei davon waren mit der Handfläche verwachsen. Was sie nicht sah, weil ich eine Windel trug, war, dass mein Darmausgang seitlich an der Hüfte lag. Und erst viel später sollten wir erfahren, dass sich auch meine Nieren an einer falschen Stelle im Körper befinden. Aber vorerst sah sie nur die kurzen Arme – und war geschockt. Meine

Patentante erzählte mir später, dass meine Mutter bei meinem Anblick einen „argen Schreck" bekommen hätte: „Ist ja auch klar. Da freut man sich auf ein Kind und dann passiert so was."

Als die Hebamme mit dem Arzt eintraf, untersuchte er mich ausgiebig und sagte dann zu meiner Mutter: „Erna, wir wissen nicht, wie lange dieses Kind noch leben wird. Es ist besser, wenn du es gleich taufen lässt."

Mein Vater arbeitete damals als Maurer auf einer Baustelle, doch mein Geburtstag war ein Samstag, deshalb war er zu Hause. Wahrscheinlich war er genauso erschrocken wie meine Mutter, als er mich sah, aber davon nahm kaum jemand Notiz. Mein siebenjähriger Bruder Friedhelm und meine vierjährige Schwester Gudrun wurden zu den Nachbarn geschickt. In Windeseile suchten meine Eltern nach schnell greifbaren Taufpaten. Eine davon war Mutters Cousine Hilde. Sie war erst 16 und machte gerade eine Ausbildung beim Friseur. Aber ihren Meister kannte jeder gut, der würde sie gehen lassen. Der andere war Vaters Cousin Kurt, der zwar auf einer Wochenend-Baustelle arbeitete, aber ebenfalls schnell Feierabend machen konnte. Er kam also direkt im Blaumann zu meiner Taufe. Hilde tauschte gerade noch ihren Friseurkittel gegen eine Jacke. Als alle eingetroffen waren, spendete mir der Pfarrer zu Hause in unserem Wohnzimmer die Nottaufe. Meine Paten wussten zu dem Zeitpunkt noch nicht einmal, was eigentlich mit mir los war. Sie sahen nur mein süßes, lebendiges Gesicht und fragten sich, was um Himmels Willen wohl unter den Windeln und Decken steckte, weil alles so schnell gehen musste.

Ich habe heute noch meine Taufurkunde von damals. Sie erinnert mich daran, dass jeder Tag, der seither vergangen ist, ein geschenkter Tag für mich war. Denn ich bin immer noch am Leben.

Am Abend war der erste Schock schon überwunden. Ich lebte weiter und zeigte deutliche Anzeichen, ein Teil dieser Welt werden zu wollen: Ich schrie, schlief, trank Milch und machte meine Windel voll. Was Babys eben so tun. Nun gab es viel zu entscheiden. Was sollte mit diesem Kind passieren? Wie würde es sich entwickeln? War es überhaupt möglich, ihm ganz alltägliche Dinge beizubringen, wie sich anzukleiden, eine Flasche zu öffnen oder seinen Namen zu schreiben? War es nur körperlich oder auch geistig behindert?

Meine Eltern wussten damals noch nicht, dass es sich bei meinen Fehlbildungen um eine Contergan-Schädigung handelte. Bei uns auf dem Land war der Informationsfluss langsamer als in der Stadt. Man hatte irgendwie davon gehört, dass das Arzneimittelunternehmen Grünenthal Contergan vom Markt genommen hatte. Aber die Hintergründe, die Auswirkungen kannten wir nicht. Erst heute weiß ich, dass ich eines der letzten Conterganopfer bin. Der Rückruf des Medikaments erfolgte viel zu spät. Schon Monate vorher hatte es klare Anzeichen dafür gegeben, dass das „harmlose Zuckerplätzchen" Fehlbildungen an Neugeborenen auslöste. Zu spät für 5.000 Kinder in Deutschland. Zu spät für 10.000 weltweit. Zu spät auch für mich. Hätten die Verantwortlichen des Pharma-Konzerns frühzeitig die Reißleine gezogen, anstatt an ihren Profit zu denken, so wäre ich mit zwei gesunden Armen geboren worden.

10

Ich habe mir oft vorgestellt, wie ich ohne Contergan ausgesehen hätte. Aber wie sich das Leben mit voll ausgebildeten Gliedmaßen anfühlt, weiß ich nicht. Seinen Arm ausstrecken und mit fünf Fingern zupacken. Mit den Fingerspitzen seine Fußspitzen berühren. Sich selbst die Zehennägel lackieren. Wie ist das? Der Normalzustand für mich ist genau der Zustand, in dem ich mich befinde. Jemand, der durch einen Unfall ein Glied verliert, weiß, was er verloren hat. Doch ich hatte nie gesunde Arme. Ich kann nur ahnen, was mir entgangen ist.

Meine ersten sechs Lebensjahre verbrachte ich vorwiegend in Krankenhäusern und Reha-Zentren. Zu den Untersuchungen nach Marburg fuhren meine Mutter und ich mit dem Zug, weil wir noch nicht zu den Glücklichen gehörten, die ein Auto hatten. Mein Vater besaß ein Moped, mit dem er zur Arbeit fuhr. Aber um in die Stadt zu kommen, blieben uns nur die öffentlichen Verkehrsmittel, und Busse kamen nicht viele. Der nächste Bahnhof lag vier Kilometer weiter in Friedensdorf. Zu manchen Zeiten lief meine Mutter alle zwei Tage mit dem Kinderwagen diese Strecke hin und her und anschließend in Marburg noch den Weg vom Bahnhof zur Klinik. Ich bin ihr sehr dankbar dafür, dass sie das alles auf sich nahm, denn nebenbei arbeitete sie noch in den Landwirtschaften mit und putzte später den Haushalt des Dorfmetzgers. Meine Geschwister kamen wegen mir wahrscheinlich oft zu kurz. Ich war eben ein besonderes Kind, das mehr Aufmerksamkeit brauchte als andere. Und die bekam ich auch.

Obwohl sie mich viel verwöhnte, hat meine Mutter mich nie in Watte gepackt. Auch später nicht, als ich unter zahlreichen Wutanfällen und mit einem unheimlichen Sturkopf all das lernen wollte, was Kinder ohne Behinderung konnten.

Schon wenige Tage nach meiner Geburt hatte ich die erste Operation unter Vollnarkose, bei der mein Darmausgang korrigiert wurde. Im Alter von drei Monaten brachten mich meine Eltern in ein Reha-Zentrum für Kinder ins 120 Kilometer entfernte Hessisch-Lichtenau. Damals gab es in unserer Gegend noch keine Ergotherapie, Physiotherapie oder integrative Kindergärten. Um mich zu fördern und aufs Leben vorzubereiten, musste meine Mutter mich bereits als Baby in die Obhut fremder Menschen geben. Dieser Schritt fiel ihr nicht leicht, aber damals hatte man keine andere Wahl. Nach außen hin war meine Mutter immer eine starke Frau. Sie riss sich zusammen. Nur wer sie gut kannte, wusste, dass sie sehr unter dieser Situation litt. Katharina, die Frau meines Patenonkels Kurt, und Marga, die Frau des Metzgers, waren zwei ihrer engsten Vertrauten. Bei ihnen zeigte sie manchmal ihre wahren Gefühle.

„In der ersten Zeit war sie wirklich am Boden, weinte viel und sah schrecklich aus", erzählte mir Katharina später. „Aber grundsätzlich hat sie nie gejammert und vieles mit sich selber ausgemacht."

Es ist schön für mich, zu wissen, dass meine Mutter trotz aller Tränen, die sie wegen mir vergoss, immer zu mir stand. Ich war ein gewolltes Kind. Nie stand zur Diskussion, mich wegen meiner Fehlbildungen in ein Heim zu geben – was vielen anderen Contergan-Kindern geschah.

Aber zur Reha nach Hessisch Lichtenau musste ich eben trotzdem. Hier verbrachte ich einen großen Teil meiner Kindheit. Das Zentrum wurde mein zweites Zuhause, die Ärzte und Schwestern meine Ersatz-

Familie. Als Baby bekam ich Krankengymnastik und Armschienen, die meine Arme ein wenig länger machen sollten. Als Kleinkind lernte ich gemeinsam mit anderen Contergan-Geschädigten, meine Hände und Füße als Werkzeuge einzusetzen. Wollte ich etwas vom Boden aufheben, so benutzte ich dafür einen Fuß. Das verhinderte, dass ich mich ständig bücken musste. Denn um den Boden zu erreichen, muss ich mich viel stärker im Rücken beugen als ein Mensch ohne Beeinträchtigung. Wir lernten auch, beidhändig zu Basteln und zu Essen. Obwohl meine linke Hand die stärkere ist, benutze ich bis heute auch die rechte. Eine Schere halte ich links, eine Gabel rechts, ein Glas Wasser wiederum links und eine Kaffeetasse rechts. Um besser greifen zu können, bekam ich zwei weitere OPs: bei der ersten wurden meine angewachsenen Finger von der Handfläche getrennt, die jetzt als Daumen fungieren. Bei der zweiten wurde eine Sehne am rechten Arm verlängert, um mir mehr Bewegungsspielraum zu geben.

Unter den Kindern in Hessisch-Lichtenau war ich noch gut dran: Immerhin hatte ich zwei funktionierende Beine und meine Arme sind für ein Contergan-Opfer relativ lang. Es gab dort auch Kinder, deren Hände direkt an den Schultern angewachsen waren. Andere hatten überhaupt keine Hände oder Beine. Mein bester Freund Axel war an den Armen und Beinen behindert und konnte nur mit Schienen laufen. Seine Eltern wollten oder konnten mit so einem Kind nicht zusammenleben und gaben ihn, soviel ich weiß, zur Adoption frei. Ein Professor aus der damaligen Chirurgie der Marburger Uniklinik wurde sein neuer Papa.

Mit Axel verbrachte ich viel Zeit. Gemeinsam lernten wir an einer Vorrichtung an der Wand, verschiedene

Verschlüsse aufzudrehen und aufzuschrauben. Wir saßen zusammen am Mittagstisch wie Geschwister, feierten Fasching in der Gruppe und hatten richtig Spaß. Wir lernten, einen Ball zu fangen, Knetmasse zu drücken und nach Mikado-Stäbchen zu greifen, ohne dass sie wackelten. Axel war über drei Jahre mein Spielgefährte und Reha-Bruder. Außer einem kleinen Schwarz-Weiß-Foto von uns beiden habe ich keine andere Erinnerung an ihn. Obwohl ich ihn seit meinem vierten Lebensjahr nicht mehr gesehen habe, ist mir die Freundschaft mit ihm noch im Gedächtnis. Ich wüsste gerne, ob Axel noch lebt.

Unter den vielen gleichartigen Kindern im Reha-Zentrum fühlte ich mich wohl. Mir war zwar bewusst, dass mein eigentliches Zuhause ein anderes war, aber im Grunde war ich in Hessisch Lichtenau daheim. Hier war alles auf meine Behinderung zugeschnitten: Möbel, Spielsachen, Bastelutensilien. Zu Hause bei meiner Familie in Allendorf bekam ich oft Wutanfälle, wenn etwas nicht gleich klappte. Wie oft habe ich einen Löffel an die Wand geworfen oder vor Zorn auf mich selbst geweint, weil ich die Schleife an meinen Schuhen nicht binden konnte. Ich wollte sein wie die anderen Kinder auch. In Hessisch-Lichtenau war ich das. Jahre später blätterte ich gemeinsam mit meinem Mann mein altes Poesiealbum durch. Das erste, was er sagte, war: „Wie viele Schwestern hattest du denn?", weil unter jedem Spruch der Name einer Krankenschwester stand.

Wenn ich an den Wochenenden und in den Ferien nach Hause kam, weinte ich sogar, weil ich die anderen Kinder aus meinem Schlafsaal vermisste. Meine Mutter war dann immer sehr traurig. Sie freute sich auf die gemeinsamen Tage oder Wochen mit ihrer Tochter. Und die wünschte sich zurück ins Reha-Zentrum.

War ich dann wieder in Hessisch Lichtenau oder nach einer OP im Krankenhaus, so sehnte ich mich nach meiner echten Familie in Allendorf und war traurig, wenn sie mich besuchen kamen und anschließend ohne mich zurück fuhren. Ich werde oft gefragt, ob ich nach insgesamt 25 Operationen nicht einen Krankenhauskoller habe. Aber das ist nicht der Fall. Das einzige, was ich immer noch höre, wovon ich noch heute träume, ist der abendliche Gong im Krankenhaus mit der Durchsage „Die Besuchszeit ist zu Ende. Wir bitten alle Besucher, nun das Krankenhaus zu verlassen." Und ohne ihr Kind heimzufahren.

2. Kapitel
„Was macht die denn hier?"

Im Reha-Zentrum wurden wir auf das Leben vorbereitet, dass uns in der Welt der Menschen mit gesunden Armen und Beinen erwartet. Wir lernten, Dinge anzupacken und zu verändern, Schneiden, Nähen, Basteln und Schreiben. Doch eines lernten wir nicht: mit den Blicken umzugehen, die uns in dieser Welt trafen. In Allendorf kannten die Menschen mich und hatten sich an meinen Anblick gewöhnt. Hier stellte niemand dumme Fragen und nur selten gab es Getuschel, wenn ich um die Ecke bog. In der Stadt, im Zug oder bei Besuchen im Nachbardorf war das anders. Oft starrten mich andere Kinder mit großen Glupschaugen an. Manche von ihnen sagten: „Iiih, wie siehst du denn aus?" oder „Igitt, was machst du denn da?", wenn ich eine in ihren Augen seltsame Bewegung ausführte.

Ich konnte das nur schlecht einstecken. Auch heute noch werde ich ärgerlich, wenn Leute bei meinem Anblick irritiert wegschauen, mich minutenlang anstarren oder peinlich berührt ihre fragenden Kinder mundtot machen.

„Mama, was hat die Frau denn da?"

„Pssst!"

„Guck mal, die hat ganz kurze Arme!"

„Pssst, sei doch still!"

„Aber Mama, warum ..."

„Sei jetzt still, das erkläre ich dir später!"

In solchen Fällen gehe ich zu den Müttern hin und frage sie, warum ihr Kind keine Fragen über mich stellen darf und warum sie ihm keine Antworten gibt. Es wird immer Menschen geben, die anders sind, entweder, weil sie ADHS haben oder weil sie dick sind oder weil eines ihrer Körperteile deformiert ist. Aus ihnen allen kann trotzdem etwas werden. Wenn man sie lässt.

Als Kind jedenfalls wollte ich um alles in der Welt so sein wie meine Geschwister und Nachbarskinder. Den Landesvertrauensarzt, dem ich regelmäßig im Gesundheitsamt in Biedenkopf vorgestellt wurde, fragte ich immer: „Wann kannst du endlich meine Hände operieren?" Doch er antwortete immer nur: „Bis du mal heiratest, interessiert das keinen mehr."

Nach meiner langen Reha-Zeit brauchte ich eine Weile, um die totale Bindung an meine Familie wieder herzustellen. Meine Eltern waren immer meine Eltern gewesen. Aber ich glaube, ich habe das anders empfunden als meine Geschwister, die nie länger als ein paar Stunden von ihnen getrennt gewesen waren. Noch als junge Frau suchte meine Schwester viel öfter und intensiver den Kontakt mit meiner Mutter als ich. Sie war schon verheiratet, da kam sie immer noch oft zu Besuch nach Allendorf.

Gudrun stand mir vom Alter her am nächsten und war außerdem ein Mädchen. Deshalb verbrachte ich mit ihr mehr Zeit als mit meinem Bruder. Wir spielten mit Barbies und Puppen und hatten lange Zeit ein gemeinsames Zimmer. Als sie 13 Jahre alt war, durfte sie mich bereits allein nach Marburg zur Therapiestunde bringen. Das erste Mal ging meine Mutter noch mit, um ihr den Weg zu zeigen. Später fand Gudrun ihn allein: Von Allendorf zum Bahnhof Friedensdorf, mit dem Zug nach Marburg, die Ortenbergbrücke hoch und schon waren wir da. Meine Schwester wartete dann so lange, bis meine Sitzung beendet war und brachte mich anschließend auf demselben Weg wieder heim. Manchmal gab es dafür vielleicht ein Eis. Aber grundsätzlich machte Gudrun das freiwillig und gerne. Es machte sie stolz. Sie war eben eine richtige große Schwester.

Trotzdem gab es auch oft Reibereien zwischen uns. Manchmal war es so schlimm, dass meine Mutter uns am Tisch auseinandersetzte, weil wir mit Spinat nach einander geworfen hatten. Aber dadurch wurde der Zoff nicht besser. Unter dem Tisch traten wir mit den Füßen nacheinander. Aber einmal im Monat, wenn auf ZDF die Hitparade kam, waren Gudrun und ich ein Herz und eine Seele. Dieter Thomas Heck präsentierte Rex Gildo, Michael Holm, Costa Cordalis und jede Menge anderer angesagter Stars. Wenn wir die Musik auf einer eigenen Kassette haben wollten, blieb meiner Schwester und mir nichts anderes übrig, als den Rekorder an den Fernseher zu stellen und das Mikrofon am Lautsprecher festzukleben. Wenn dann der entsprechende Song kam, drückten wir auf „Aufnahme" und ab diesem Moment durfte niemand im Raum mehr reden, auch meine Mutter und mein Vater nicht. Alle mussten mucksmäuschenstill sein, damit die Aufnahme einigermaßen gut wurde.

Gudrun stand unglaublich auf Neil Diamond. Von dem hatte sie schon haufenweise Kassetten. Als wir uns eines Tages wieder stritten, nahm ich eine davon – sogar eine Originale – und überspielte sie mit Absicht. Ich war echt ein kleiner Übeltäter, was solche Dinge anging. Später suchte Gudrun im ganzen Haus nach ihrer Kassette. Ich sah ihr erst eine Weile dabei zu, bevor ich sagte: „Kann sein, dass ich die habe. Aber jetzt ist kein Neil Diamond mehr drauf!" Das hat sie mir nicht so schnell verziehen. Meine Mutter gab mir irgendeine Strafe dafür und Gudrun bekam Geld für eine neue Kassette.

Wenn Mutter zum Metzger arbeiten ging, waren wir Schwestern manchmal alleine zu Hause und hatten gewisse Aufgaben zu erledigen. Schon morgens um acht Uhr, wenn sie das Haus verließ, rief sie einen Appell in unser Zimmer: „Ich gehe jetzt! Seht zu, dass ihr aufsteht!"

Gudrun fühlte sich dann für alles verantwortlich, weil sie die Ältere war. Sie wollte alles perfekt machen. Ich hingegen wollte nur so viel wie nötig machen. Oft gab es dann Streit, weil sie mich ständig antrieb: „Du machst das jetzt! Sofort!". Meine Schwester war meiner Mutter viel ähnlicher als ich. Bei ihr war auch später nie ein Knick im Tischtuch. Bei mir war es schon ein Wunder, wenn ich überhaupt ein Tischtuch benutzte.

Anfangs hatte Gudrun nichts dagegen, sich ihr Zimmer mit mir zu teilen. Wir trennten unsere Betten durch einen Schrank von einander und jede hatte ihr Revier. Normalerweise hat das gut funktioniert. Außer einmal, als meine Schwester mich wieder zur Arbeit zwingen wollte. Ich ignorierte ihre Befehle einfach, setzte mich an das ausklappbare Schreibtischpult des Schranks und begann, abweisend auf der Schreib-maschine herum zu klimpern, die dort stand. Das machte Gudrun noch mehr wütend. Sie schrie und tobte so lange, bis ich ebenfalls die Geduld verlor. Vor Zorn hieb ich schließlich heftig auf den Schreibtisch. Und obwohl ich nur vier Finger zur Faust ballen kann, kann ich damit ziemlich dolle zuschlagen. Das brachte den ganzen Schrank aus dem Gleichgewicht und er kippte um – genau auf mich zu. Gudrun sprang geistesgegenwärtig nach vorn und versuchte, das schwere Möbelstück zu halten, was ihr natürlich nicht gelang. Aber sie fing es gerade so weit ab, dass ich unverletzt zur Seite springen konnte.

Nach dieser Aktion war mir klar, dass ich wohl doch lieber arbeiten sollte, schon allein, um meine Mutter zu besänftigen, wenn sie später nach Hause kam und einen kaputten Schrank vorfand. Doch ihre Erziehungsmaßnahme war auch in diesem Fall eher subtil. Sie sagte schlicht: „Hättest du gleich gemacht, was deine Schwester sagt, dann wär's nicht passiert."

Der Schrank wurde vorerst wieder zusammengeflickt und diente weiterhin als Raumteiler.

Später, als Gudrun schon ein Teenager war und ich immer noch ein Kind, wollte sie mit ihren Freundinnen allein sein und bekam das Zimmer für sich. Ich zog in einen Raum hinter dem Schlafzimmer meiner Eltern. Aber oft schlief ich trotzdem bei ihr auf der Couch, wenn keine Freundinnen da waren. Irgendwie konnten wir nicht miteinander und nicht ohne einander.

Sehr gut erinnere ich mich noch an einen Streich, den ich Gudrun in dieser Zeit spielte. Wobei es eigentlich von meiner Seite aus gar kein Streich war. Ich verstand nur, wie die meisten Kinder, keine Ironie. Damals, es muss der zehnte Geburtstag meiner Schwester gewesen sein, sagte sie in diesem seltsamen Tonfall zu uns: „Pah, mein Lehrer, der würde mir auf meiner Party noch fehlen!" Daraufhin nahm ich an, dass Gudrun den Mann gerne zum Geburtstag einladen wollte, sich aber nicht traute. Um ihr eine Freude zu machen, sprach ich ihn am nächsten Tag in der Schule an und bat ihn, uns doch am Nachmittag zu besuchen. Was er dann auch tat. Gudruns Lehrer sah ein bisschen aus wie Heinz Erhardt, war aber nicht halb so komisch. Wie immer kam er mit dem Fahrrad. Und wie immer legte er seine Fahrradklammern an den Hosenbeinen nicht ab. Diese Klammern waren sein Markenzeichen. Er brachte Gudrun sogar ein

Geschenk mit. Aber meine Schwester klappte nur den Mund auf und zu bei seinem Anblick. Ich dachte zuerst, sie sei sprachlos vor Freude. Umso weniger verstand ich, dass sie anschließend ziemlich sauer auf mich war.

Das Verhältnis zu meinem Bruder war ganz anders. Friedhelm war für mich immer der tolle große Bruder, zu dem ich aufsah. Immerhin war er sieben Jahre älter als ich. Ich sah ihn als Beschützer, aber durch den Alters- und Geschlechtsunterschied war er auch immer ein bisschen unnahbar für mich. Am meisten bewunderte ich ihn, als er mit 18 seinen Führerschein bekam und sich ein eigenes Auto kaufte. Später fuhr er damit sogar Rallyes auf speziellen Strecken im weiteren Umkreis. Manchmal nahm er mich zu so einer Veranstaltung mit. Das war immer ein kleines Abenteuer für mich.

Über meinen Vater könnte man ganze Romane schreiben. Oder doch besser psychologische Fachbücher. Grundsätzlich war er ein sehr sozialer und lieber Mensch. Er war immer bereit, anderen im Dorf beizustehen, wenn sie seine Hilfe brauchten. Auch zu uns Kindern war er eher nachsichtig – meine Mutter war viel strenger. Leider hatte mein Vater aber ein Problem mit Alkohol. Damals war es ja nicht ungewöhnlich, dass die Männer bei der Arbeit das eine oder andere Bier tranken. Es war unvorstellbar, dass die Polizei zu uns aufs Dorf kommen würde, um Alkoholkontrollen vorzunehmen. Wenn also die Dreschmaschine aufs Feld fuhr, stand schon die Kiste Bier oben auf. Vielleicht hat mein Vater einfach, ohne es zu merken, eine Grenze überschritten, die die anderen Männer eher in den Griff bekamen. Vielleicht betäubte er auch seine immer wiederkehrenden Schmerzen. Bei der Arbeit in einer Eisengießerei war ihm die heiße Form aus der Hand gefallen und hatte ihm Verbrennungen dritten Grades am Fuß zugefügt. Damals gab es keine Schutzkleidung oder Arbeitsschuhe. Seither trug mein Vater immer orthopädische Schuhe und klagte über sein „kaltes Bein" und die schlechte Durchblutung.

Aber vielleicht, so dachte ich als Kind, trank er auch wegen mir. Weil er sein Schicksal als Vater einer behinderten Tochter nicht aushalten konnte. Nie hatte er so etwas zu mir gesagt, aber als heranwachsende Frau macht man sich eben Gedanken über solche Dinge und sucht viel zu oft die Schuld bei sich selbst. Noch dazu hatte ich im Dorf eine Frau über ihn sagen hören: „Der Heinz Krämer trinkt. Na ja ... was hat er aber auch alles auf dem Buckel mit diesem Mädchen und so."

Über meinen Vater wurde viel geredet. An manchen Dingen mag auch etwas dran gewesen sein. Aber meine Gote Katharina sagte mir einmal: „Gunhild, dein Vater war nicht so schlimm, wie manchmal behauptet wird." Und wirklich habe ich an ihn keine beängstigenden oder traumatisierenden Erinnerungen. Er wurde nie aggressiv, wenn er getrunken hatte. Er schlug uns nie, stritt allenfalls mit meiner Mutter, und schlief danach auf der Couch ein.

An mir jedoch nagte über all die Jahre der quälende Gedanke, dass ich schuld an der Alkoholsucht meines Vaters war. Ich ging deshalb sogar zu einem Suchtberater, der mir sagte: „Die meisten Alkoholiker wissen gar nicht, warum sie trinken. An dir kann es nicht liegen. Schau doch mal, was du alles kannst und geschafft hast. Darauf müsste er ja vielmehr stolz sein.

Aber so lange er nicht selbst aufhören will, zu trinken, bringt auch eine Therapie nichts."

Mein Vater antwortete auf solche Argumente immer: „Das ist alles Quatsch. Ich trinke nicht mehr und nicht weniger als jeder andere Mann im Dorf."

Aber wir wussten alle, dass das nicht stimmt.

Dann gab es in unserem Haus noch meine Großeltern, die Eltern meiner Mutter. Sie waren damals beide um die Sechzig, aber in meiner Erinnerung uralt. Das lag unter anderem daran, dass meine Oma tagaus tagein die Hinterländer Tracht trug. Sie bestand aus einem plissierten schwarzen Beiderwandrock mit zahlreichen roten und grünen Unterröcken, Schnürleibchen und schmalen, schwarzen Bändern, wie sie nur bei uns im Dautphetal üblich waren. Zu Feierlichkeiten trug sie immer ein besticktes Hemd darunter, ansonsten ein halbärmeliges, weites Oberhemd. Um den Hals hatte sie ein Dreieckstuch geschlungen, das im Nacken zur Schleife gebunden war. Zum Kirchgang legte sie einen weißen Quast an und flocht sich ihre hängenden Zöpfe, „Schnätze" genannt, zu einem schönen Dutt, den sie unter einem kleinen Stülpchen versteckte.

Ihre zahlreichen Faltenröcke wickelte meine Großmutter nach dem Tragen immer zu einer Wurst zusammen, um den Faltenwurf zu erhalten. Ein guter, schwerer Rock wog um die drei Kilo. Da war es nicht verwunderlich, dass sie stets raschelte, wenn sie sich bewegte. Vor allem, wenn sie mit ihrem schwungvollen Gang durchs Dorf lief. Dann wackelte und schaukelte die Tracht geräuschvoll nach allen Seiten. Dabei war meine Großmutter eher ein kleines, zierliches Persönchen.

In meinen Erinnerungen sehe ich sie immer noch am Herd stehen. Sie kochte viel und gut. Sie machte das beste „Geschtrompte", ein Püree aus Kartoffeln und Möhren und lud immer auch meine Freundinnen ein, mit uns zu essen. Oft standen schon morgens um acht die Kartoffeln auf dem Kohleofen in der Küche. Und wenn es nicht die Kartoffeln waren, dann war es das gusseiserne Bügeleisen, das dort vor sich hindampfte. Im Bügeln war meine Oma Vollprofi. Sie glättete stundenlang unsere Wäsche und gab uns Mädchen Tipps wie „Einmal gut ausgeschüttelt und du hast die Hälfte zu Bügeln!"

Zur Erntezeit holte sie immer ihre „Flotte Lotte" und den Einkochtopf hervor und schnitt gemeinsam mit meiner Mutter Unmengen an Äpfeln, Birnen, Sauerkirschen, Pflaumen und Bohnen klein, die anschließend eingekocht wurden. Sogar das Sauerkraut machte sie noch selber. Apfelmus und Früchte gab es immer als Nachtisch nach dem Abendessen. Wir besaßen damals zwar schon Dessertgläser, aber meine Oma stellte lieber eine große Schüssel mit „Appelbrei" in die Mitte des Tisches und gab jedem einen Löffel in die Hand. So machte der Nachtisch einfach mehr Spaß.

Auf der einen Seite war meine Oma stark, lustig und unerschütterlich. Andererseits hatte sie auch eine sehr ängstliche und verletzliche Seite. Zum Beispiel stand unter ihrem Bett immer ein gepacktes Köfferchen, für den Fall, dass etwas Unvorhergesehenes passieren würde. Heftige Gewitter in der Nacht konnte sie überhaupt nicht aushalten. Wenn es also über Allendorf blitzte und donnerte, dann mussten wir alle aufstehen und uns anziehen. Meine Oma holte ihr Köfferchen mit den wichtigsten Habseligkeiten hervor und machte vorsorglich schon einmal die Haustüre auf, falls wir überstürzt das Haus verlassen mussten. Dann saßen wir alle am Küchentisch und warteten, bis das Gewitter vorbei war. Diese nächtlichen Stunden mit meiner zitternden Familie haben mich tief geprägt. Selbst heute habe ich in der Dunkelheit noch Angst vor Gewittern.

Ansonsten stiftete meine Großmutter aber eher Frieden in unserer Familie. Wenn wir Kinder von unserer Mutter geschimpft wurden, dann saß sie auf ihrem Holzkästchen vor dem Kamin, hörte zu und sah vor lauter Sorgenfalten ganz runzelig aus. „Mir tut das so weh, als würde ich selbst geschimpft werden!", sagte sie uns danach. Das tat meiner kindlichen Seele einfach gut. Sie war eine sehr verständnisvolle, herzensgute Person.

An meinen Großvater habe ich weniger Erinnerungen, da er starb, als ich erst sieben war. Ich weiß noch, dass er einer der wenigen im Dorf war, der die Dreschmaschine fahren konnte. Unterm Jahr stand sie immer beim größten Bauer im Ort. Aber zur Erntezeit wurde mein Opa gerufen, damit er die überbreite Riesen-Maschine auf die Felder fuhr. „Hannes, komm, wir brauchen dich!", hieß es immer. Und dann wurde tagelang auf den Feldern geschuftet und geschwitzt, bis alles Getreide der Bauern gedroschen und eingefahren war.

Mein Opa starb im Alter von 69 Jahren an einem Schlaganfall. Es war ein plötzlicher und schneller Tod. Für uns Hinterbliebene war das ein Schock. Von heute auf morgen war ein Familienmitglied einfach weg. Man hatte sich nicht einmal von ihm verabschieden können.

Damals gab es in Allendorf noch keine Friedhofskapelle. Deshalb wurden die Toten drei Tage lang im Haus aufgebahrt. Der Sarg mit meinem Großvater stand auf zwei Stühlen. Es kamen ständig

Leute aus dem Dorf, um von ihm Abschied zu nehmen. Sie brachten Kaffee, Zucker und Milch mit, um keinen Aufwand zu machen. Dabei wurde kaum gesprochen. Auch das Radio blieb aus. Es herrschte wirklich „Totenstille".

In unserem Haus wohnte, wie in vielen anderen Häusern auch, noch ein lediges Tantchen. Katharina, die drei Jahre jüngere Schwester meiner Mutter, wurde von allen nur „das Kathrinchen" gerufen. Man sagt ja immer, auf jedes Töpfchen gebe es auch ein Deckelchen. Aber meine Tante hat ihre Suppe lieber allein gekocht. Es ist schwer zu sagen, warum sie nie geheiratet hat. Sicher hatte sie ein paar Defizite, und Männer gehörten wohl dazu. Vielleicht hatte sie sogar Angst vor ihnen. Jedenfalls blieb sie allein. Dadurch hatte sie zwar nie ein eigenes Haus und eigene Kinder, aber dafür ihre Freiheit und ihr eigenes Geld. Das Kathrinchen war als junges Mädchen in Stellung bei einem Allendorfer Bauern. Später arbeite sie in der Küche des Biedenkopfer Krankenhauses und kam erst spät abends heim. Meine Oma umsorgte sie dann immer und fragte: „Ach, Kathrinchen, wie war denn dein Tag? Setz dich in den Sessel und ruh dich erstmal aus!"
Mit meiner Mutter hatte niemand so viel Mitgefühl. Sie war ja stark und ließ sich ihre Nöte und Defizite nicht anmerken. Ich glaube, dass die beiden Schwestern ein bisschen neidisch aufeinander waren. Jede hatte das, was der anderen fehlte: Meine Mutter eine eigene Familie, meine Tante ihr eigenes Geld.
Hin und wieder machte das Kathrinchen mit uns Kindern sogar Shoppingausflüge nach Biedenkopf. Das war immer etwas ganz Besonderes für uns, vor allem an den Donnerstagen, wenn Krammarkt war.

Mit großen Augen wuselten wir um die Stände am Marktplatz und hielten Ausschau nach neuen Puppen und hübschen Puppenkleidchen. Das Kathrinchen kaufte uns jedes Mal etwas. Meiner Mutter war das unangenehm. Wenn wir wieder nach Hause kamen, murrte sie: „Muss das jetzt sein?". Sie wollte uns nicht verwöhnen.

Meine Familie war keine heile Familie. Doch sie stand immer geschlossen hinter mir und das tat gut. Meine Mutter hatte die Gabe, jedem Kind genau das zu geben, was es brauchte. Bei mir war das eine große Portion Fürsorge in Zeiten der Not und ein hohes Maß an Toleranz gegenüber den Kämpfen, die ich mit mir selbst und der kniffligen Welt ausfocht.

In meinen Anstrengungen, alles zu lernen, selbst das Unmögliche möglich zu machen, war ich ein Dickkopf und Wirbelwind wie aus dem Buche. Ein typischer Widder eben. Widder wollen immer mit dem Kopf durch die Wand. Diese Eigenschaft half mir mein Leben lang, mit meinem Schicksal zurechtzukommen. Aber sie trug auch dazu bei, dass ich über viele Jahre hinweg einen falschen Stolz aufbaute, der mich innerlich aufrieb. Alles musste genauso gut klappen wie bei gesunden Kindern, oder gar besser! Ob es nun um Federball, Tischtennis oder das Jonglieren von Click-Clack-Kugeln ging – ich übte diese Dinge wie eine Besessene und hörte so lange nicht auf, bis die Bewegungen mir in Fleisch und Blut übergegangen waren.

Meine Mutter ließ mich gewähren. Sie versteckte mich nicht und sie bremste mich nicht. Ich sollte meinen Weg selber finden. Die Leute im Dorf schlugen deshalb manchmal die Hände über dem Kopf zusammen. Da war zum Beispiel die Sache mit dem Fahrrad: Ich fuhr mit meinen Freundinnen, den Metzger-Zwillingen Anne und Ellen, durchs Dorf. Mein Rad war ein großes, rotes Damenfahrrad, das ich heimlich aus unserer Waschküche stibitzt hatte. Ich konnte mit dem Hinterteil nicht mal den Sattel erreichen, also fuhr ich stehend. Dazu trug ich Holzklepper. In der Kurfe vor der Metzgerei passierte es dann: Auf dem Kopfsteinpflaster kam ich ins Rotieren, rutschte mit den Holzschuhen ab und stürzte mitsamt meinem Fahrrad direkt vor den Eingang des Ladens. Dabei brach ich mir die Schulter.

Der Metzger Willi rannte schnell auf den Kartoffelacker, wo meine Mutter arbeitete, und holte sie her. Was hatte ich Angst vor ihrer Reaktion, weil ich ohne Erlaubnis das Fahrrad genommen hatte! Zudem musste sie sich natürlich Vorwürfe anhören – warum sie so ein Kind überhaupt Fahrrad fahren ließ? Ob sie keine Angst hätte, dass mir etwas passiert? Doch sie sagte nur im tiefsten Hinterländer Patt: „Ich kann's doch net obinne!"

So kam ich also wieder nach Marburg ins Krankenhaus. Diesmal wurde ich zum Glück nicht operiert. Auf meine Schulter wurde lediglich eine Schale angepasst. Ein zusätzliches Gewicht unter dem Verband sollte den Druck von der Bruchstelle nehmen. Abends durfte ich wieder nach Hause.

Mit den Nachbarn und Verwandten sprach meine Mutter immer Platt. Die Hinterländer Mundart, die damals noch zum Alltag auf den Dörfern gehörte, konnte ich nach den drei Jahren im hochdeutsch sprechenden Hessisch Lichtenau zwar verstehen, aber nicht selbst sprechen. Auch das unterschied mich von den Dorfkindern. Doch meine Mutter hatte auch hierfür eine Lösung: Fortan sprach sie also mit mir hochdeutsch und mit dem Rest der Familie Platt. Meist verstanden wir uns schon irgendwie. Aber manchmal sagte meine Oma Dinge, die ich mir überhaupt nicht erklären konnte. Zum Beispiel: „Ich gieh noch eh mol of'n Abi." Es hat eine Weile gedauert, bis ich herausfand, was ein „Abi" war, nämlich ein Abort, eine Toilette. Ein andermal trug sie mir auf, in den Dorfladen zu gehen, um dort eine „Nachtigall" zu kaufen. Ich hatte zwar keine Ahnung, was das war, aber ich wollte sie nicht danach fragen. Also marschierte ich einfach in den Dorfladen und bestellte eine Nachtigall. Die Frau die den Laden führte – und nebenbei für das halbe Dorf Gardinen nähte – gab mir ohne Zögern einen Nachttopf. Das also war eine Nachtigall: ein Piss-Töpfchen.

Mittlerweile habe ich ein bisschen Platt gelernt, aber es kommt mir nicht so selbstverständlich über die Lippen wie anderen gleichaltrigen Leuten. Noch dazu spricht beinahe jedes Dorf ein etwas anderes Platt. Einmal musste ich mich köstlich amüsieren, als ein Mann aus dem Nachbardorf erzählte: „Gestern harre ma fünf Doofe in der Kurche." Ich war kurz davor, zu fragen, wo die Doofen denn gesessen hatten und was sie angestellt hatten. Zum Glück kam mir noch rechtzeitig in den Sinn, dass mit „Doofe" in Wahrheit „Taufen" gemeint waren.

Schließlich kam der Tag, an dem ich eingeschult werden sollte. Damals, Ende der 60er-Jahre, war es nicht üblich, dass ein Kind mit Handicap auf eine Regelschule ging. Wer eine Behinderung hatte – egal ob geistig oder körperlich – ging auf eine Behindertenschule. Das wollte ich auf keinen Fall. Als eine entsprechende Einweisung vom Gesundheitsamt kam, stellten meine Eltern sich quer. Für meine

Mutter war die Einschulung eine weitere Schlacht, die sie mit viel Energie und Verzweiflung ausfocht. Ich kann erst im Nachhinein verstehen, wie nervenaufreibend die ersten Jahre mit mir gewesen sein müssen. Wie viele Tränen hätte meine Mutter niemals vergossen, wenn Grünenthal Contergan rechtzeitig vom Markt genommen hätte!

Weil alle zu mir hielten, auch die Lehrer in der Grundschule, gab das Amt schließlich nach und ließ mich die Regelschule in Dautphe besuchen. Ich glaube, für mich war es ein großes Glück, dass ich auf dem Dorf aufwachsen durfte. Jeder hier kannte mich und konnte mich einschätzen. Niemand zweifelte daran, dass ich genauso gut lernen konnte wie die anderen Kinder. „Was sie nicht in den Armen hat, das muss sie eben im Kopf haben", sagte der Schulrektor Heinrich Lenz. Er wies den Hausmeister an, ein kleines Pult zu bauen, das als Aufsatz auf meinen Tisch gestellt wurde. So konnte ich schreiben, ohne mich bücken zu müssen. Im ersten Schuljahr klappte das Schreiben trotzdem noch nicht so schnell wie bei meinen Mitschülern. Ich wurde zwar für meine schöne Schrift gelobt, aber die Feinmotorik meiner Finger war noch nicht ausgereift. Deshalb schrieb ich Diktate und Aufsätze immer von den anderen getrennt im Lehrerzimmer und bekam mehr Zeit dafür. Die Schönschrift blieb mir. Auch später, als ich ebenso flüssig meinen Füller führen konnte wie die anderen. Alte Poesiealben aus dieser Zeit sind der Beweis dafür.

Ansonsten machte ich alles, was die anderen Kinder auch machten. Sogar am Sport nahm ich erfolgreich teil. Volleyball und Handball waren zwar schwierig für mich, aber beim Klettern und beim Bockspringen, da war ich dabei! Am Jahresende brachte ich es immer auf eine Zwei oder Drei im Zeugnis. Meine damalige Lehrerin Heidi Büchner schilderte mir Jahre später, wie sie mich als Schülerin sah. Weil meine eigenen Erinnerungen an meine Schulzeit mich manchmal trügen, wollte ich von ihr wissen, wie sie mich erlebte– und war zum Teil erstaunt:

„Du warst sehr lebhaft, sogar temperamentvoll, und sehr ehrgeizig", sagte Frau Büchner. „Du saßest in der Reihe mit Anne und Ellen und ich hatte den Eindruck, dass du dich durchaus zu Hause fühltest in der Klassengemeinschaft, dass du so sein wolltest wie die anderen. Ich habe dich, glaube ich, auch nicht als ‚etwas Besonderes' behandelt, sondern so viel Normalität wie möglich gefördert. Manchmal musste ich dich ermahnen, denn du hast dich leicht ablenken lassen. Da war viel Allendorfer Getuschel hin und her, gerade weil ihr so eine verschworene Gemeinschaft wart. Gelacht hast du selten so unbekümmert wie die Anderen. Da kam eher ein Lächeln oder Schmunzeln. Kein Wunder – die Last, die auf deinem jungen Leben lag, war ja riesig und du warst voller Angespanntheit, sie zu verringern. Wenn du gelobt wurdest, hatte ich manchmal den Eindruck, es reiche dir nicht so richtig. Du hast es immer sehr ernst entgegen genommen. Vermutlich konnte ich, damals eine noch sehr junge Frau, gar nicht richtig einschätzen, welche Anstrengung dich manche Leistung wirklich kostete. Wenn ich an dich zurückdenke, so warst du richtig gut integriert und hast dir auch nicht die Butter vom Brot nehmen lassen, sondern hast mit deinem flotten Mundwerk manche Klassenkameraden verblüfft."

Zu meiner Lehrerin habe ich immer noch einen sehr guten Kontakt.

Besonders lebhaft ist mir der Wandertag nach meinem glorreichen Sturz vom Fahrrad in Erinnerung. Weil ich mit meinem Gewicht am Arm nicht gut gehen konnte, nahm mich der Klassenlehrer einfach huckepack und trug mich den kompletten Höhlenweg entlang des Hohenfels auf dem Rücken. Meine Mitschüler schleppten meine Schultasche für mich.

Alles in allem war ich also ein prima Pilotprojekt zur Integration beeinträchtigter Kinder in die Regelschule. Ein paar Jahre später kam ein weiteres körperbehindertes Mädchen an die Dautphetalschule. Sie hatte einen offenen Rücken und saß im Rollstuhl.

Die ortsansässigen Schüler fanden das ganz normal. Mein Bruder hatte mir schon am ersten Schultag versprochen: „Wenn dich jemand ärgert, helfe ich dir." Aber das war nie nötig. Widder lassen sich nicht so leicht unterkriegen. Trotzdem gab es auch Tage, an denen ich heulend von der Schule nach Hause gegangen bin. Manchmal kamen neue Mitschüler, die aus der Stadt zugezogen waren und hänselten mich. Ein andermal kam ein Schulpsychologe, der durch alle Klassen ging, um sich uns vorzustellen. Er sah mich mit einem durchdringenden Blick an und sagte zu unserem Lehrer: „Was macht die denn hier auf der Schule?" Ich war wie vor den Kopf gestoßen. Dass ein Psychologe so etwas sagte, ging mir durch Mark und Bein. Aber unser Lehrer bezog sofort Stellung. „Die gehört schon hier her", sagte er. „Der Herr Lenz ist auch dieser Meinung."

Rektor Lenz war für mich wie ein Fels in der Brandung. Er war nicht nur der Herr Oberlehrer, sondern eine echte Vertrauensperson. Wenn zwei Kinder auf dem Schulhof rauften, hielt er sich nie raus, sondern brachte sie auseinander und schlichtete ihren Streit. Auf mich passte er besonders auf. Zum

Beispiel sorgte er dafür, dass ich nach der Schule das Gebäude später verlassen konnte, um nicht ins Gedrängel zu kommen, und trotzdem noch den Bus zu erwischen. „Wenn du mal ein Problem hast, oder die Kinder dich hänseln, dann kommst du zu mir", gab er mir immer mit auf den Weg. Er hatte ein liebes Gesicht und wenn er lachte, blitzte ein goldener Zahn in seinem Mund. Als ich im dritten Schuljahr war, starb er plötzlich im Alter von nur 55 Jahren. Wir Schüler waren alle sehr traurig und veranstalteten einen Trauermarsch durch die Schule. Dabei hielten wir Fotos von Rektor Lenz in die Höhe. In seinem Nachruf hieß es damals: „Er war ein hilfsbereiter Mensch, ein liebenswürdiger Freund und Helfer, an dessen Tür und Herz niemand vergeblich klopfte." Genauso hätte ich es auch geschrieben.

Es gab auch Tage, an denen ich mich nicht für die Schule erwärmen konnte. Manchmal schob ich ein leichtes Bauchweh oder Kopfschmerzen vor, um nicht hingehen zu müssen. Aber meine Mutter erkannte meist schon an meinen Bewegungen und meiner Mimik, dass es mir nicht so schlecht ging, wie ich behauptete. Nur einmal lag sie mit ihrer Diagnose ziemlich daneben. An dem Tag nämlich hatte ich wirklich schreckliche Bauchschmerzen. Zuerst stand ich bei ihr im Verdacht, schwänzen zu wollen. Aber als ich gar nicht mehr aufhörte, mich im Bett zusammenzukrümmen, rief sie dann doch den Arzt an. Der hörte sich ihre Beschreibungen an und sagte: „Wenn das nicht bald aufhört, muss sie wahrscheinlich ins Krankenhaus!"

Zwei Stunden später lag ich in der Chirurgie in Marburg und bekam eine weitere Vollnarkose. Erst als die Chirurgen mir den Bauch aufschnitten, stellten sie fest, dass ich zwei Blinddärme hatte. Einer davon war entzündet und stand kurz vor dem Durchbruch. Man entnahm mir an diesem Tag beide Wurmfortsätze und einen Eierstock, der durch die Entzündung geschädigt worden war. Beim Blick in meinen Bauch stellten die Ärzte fest, dass einige weitere Organe nicht an der richtigen Stelle angelegt waren. Meine Nieren lagen so nah an der Gebärmutter, dass nicht klar war, ob ich später problemlos Kinder bekommen konnte. Ein Gutachten, das allerdings erst Jahre danach angefertigt wurde, bescheinigte mir außerdem eine Darmfehlbildung, eine Skoliose der Wirbelsäule, einen Hüftschiefstand, eine Augenmuskellähmung, mehrere Dysplasien in verschiedenen Gelenken und ein Kreuzbein mit nahezu rechtwinkligem Steißbein. All diese Fehlbildungen sind direkt oder indirekt durch Contergan verursacht. Was im Laufe der nächsten 20 Jahre durch meine ungewöhnlichen Bewegungsmuster an Verschleißerscheinungen hinzukommen wird, kann ich nicht sagen. Manchmal denke ich kurz darüber nach. Doch ich bin nicht der Typ für Hysterie. Es macht keinen Sinn, sich Schreckensbilder auszumalen. Man wird sehen, was da kommt.

Meine Mutter achtete immer darauf, dass ich
lange Ärmel trug

Meine Familie war keine heile Familie. Doch sie stand immer geschlossen hinter mir.

Meine Großeltern – hier mit Friedhelm und Gudrun – lebten mit uns im selben Haus.

Als Kleinkind im Reha-Zentrum im 150 km entfernten Hessisch Lichtenau.

Ganz modebewusst zu Hause in Allendorf: Meine Mutter nähte mir passende Kleidung.

„Das Kathrinchen", meine ledige Tante, bescherte uns wunderbare Ausflüge auf den Krammarkt nach Biedenkopf. Auf ihrem Schoß: Meine Schwester Gudrun als Baby.

Die Nachbarstochter Beate und ich waren dicke Freunde. Sie war ein Jahr jünger als ich, aber trotzdem einen Kopf größer. Der Chef in unserer Beziehung war allerdings ich.

3. Kapitel
Kotche`s Gunhild

Das Leben auf dem Land Ende der 60er-Jahre war hart aber schön. Ich kann mich noch gut erinnern, dass wir allesamt den ganzen Tag in Latzhosen herumliefen. Wenn uns Kindern langweilig war, heckten wir irgendwelche Späße aus. Wir zündeten Gräser oder Papier an und steckten es in Mäuselöcher, um die Tierchen auszuräuchern. Oder wir suchten die Wiesen nach Sauerampfer ab und kauten ihn dann genüsslich auf dem Liebesbänkchen unterhalb des Sportplatzes auf Hansis Wiese. Wenn wir dort saßen, gruselten wir uns, weil die Bank auf dem Gelände eines uralten Friedhofs stand. Man konnte sogar noch die alten Grabsteine da liegen sehen.

Unsere Familie hatte einen Gemüsegarten, einen Kartoffelacker und manchmal auch ein paar Schweine. Im Herbst mussten wir alle auf den Kartoffelacker zur Lese. Vorneweg fuhr ein Traktor, der die Kartoffeln aushub, hintendrein liefen wir und sammelten sie auf. Die kleinen kamen in Körbe, die großen in Säcke. Aus der Sicht heutiger Kinder klingt das sehr anstrengend. Für meine Mutter aber war es eine echte Erleichterung im Vergleich zu ihrer eigenen Kindheit: Damals wurden die Knollen nämlich noch mit der Hacke ausgebuddelt. Unsere Tage auf dem Acker waren immer auch mit einem Picknick verbunden. Die ganze Familie war dabei und es gab Kaffee und heiße Kartoffeln aus der frischen Glut. Als Kind war das ein Highlight für mich. Später, als Jugendliche, hab ich es verabscheut.

Obwohl die Menschen damals alle schwer arbeiteten, hatten sie trotzdem mehr Zeit für Geselligkeit als heute. Jeder kannte jeden, jeder half jedem. Es war völlig normal, dass die Nachbarn auch mal auf die Kinder aufpassten oder dass man füreinander Einkäufe erledigte. In vielen Häusern, wie dem unseren, lebten mehrere Generationen unter einem Dach. Und wenn es geschah, dass alte Menschen alleine wohnten, dann hatten die Nachbarn immer ein Auge darauf, ob morgens die Rollläden hochgezogen wurden oder nicht.

Die jungen Leute wuchsen zwar unter vielen Verboten und Strafen auf, aber hin und wieder drückten unsere strengen Eltern auch ein Auge zu, wenn wir gegen Regeln verstießen. Meine Eltern deckten sogar eine Zeit lang meine Taufpatin Hilde, wenn sie mal wieder ein Rauch-Alibi brauchte. Es war nämlich so, dass Hilde immer dann, wenn sie gequalmt hatte, eine halbe Stunde lang zu uns zu Besuch kam. So hatte sie vor ihren Eltern ein Alibi für all den Tabakgeruch in ihrer Kleidung – denn mein Vater rauchte auch. Jeder, auch meine Eltern, wusste, dass Hilde vor allem wegen der fehlenden Ausrede kam. Aber keiner verriet sie. Ihre Mutter fand es schließlich von selber heraus.

Für mich war es ein großer Vorteil, auf dem Land und nicht in der Stadt aufzuwachsen, wo alles anonymer ist. Hier war ich einfach – laut unserem Hausnamen – „Kotche's Gunhild". In der Stadt ist man viel schneller „die Behinderte."

Meine Sandkastenfreundin war die Nachbarstochter Beate. Sie war ein Jahr jünger als ich aber mindestens einen Kopf größer. Beate hatte einen älteren Bruder, Armin, der mit mir in dieselbe Klasse ging. Das erste Kind der Familie, also die älteste Schwester von Armin und Beate, war schon sehr früh an Leukämie gestorben. An sie kann ich mich kaum noch erinnern.

Ihre Eltern hatten ein Schuhgeschäft direkt unter unserem Haus. Das darf man sich natürlich nicht so vorstellen wie die Geschäfte von heute. Die meisten Schuhe standen in Kartons in einem Regal. Nur ein paar davon waren ausgepackt als Schaustücke. Es gab nicht einmal eine richtige Kasse sondern nur eine abschließbare Schatulle für Bargeld. Wir Kinder gingen gern in den Laden und spielten „Verkaufen". Beates Eltern hatten nichts dagegen, so lange wir dabei kein Durcheinander veranstalteten. Wenn Kunden da waren, spielten wir stattdessen mit unseren Puppen und schoben stolz unsere Puppenwagen durchs Dorf. Meiner war viel schöner als der von Beate und sie war immer ein bisschen neidisch darauf, denn mein Schlummerle lag wie ein echtes Baby darin. Sie selbst besaß nur eine große, hässliche Sprechpuppe und einen kleinen, alten Wagen. Eines Tages quetschte sie so lange ihre Puppe in den Wagen, bis der Kopf abbrach. Daraufhin bekam sie keine neue, sondern musste auf ihren Teddybär ausweichen. Das Ganze war zwar ein herber Verlust, aber zumindest passte der Teddy problemlos in den Wagen.

Manchmal spielten wir auch Federball und andere Ballspiele. Dabei sagten wir Reime auf wie „Liebes Bällchen, sag mir doch: Wie viele Jahre lebst du noch? Eins, zwei, drei...". Besonders gern holten wir auch Beates Zwerghasen und Meerschweinchen aus dem Käfig um sie – genau wie die Puppen – durch die Gegend zu tragen und zu streicheln.

Bei den Nachbarn gab es aber noch viel mehr zu entdecken: Auf der Wäscheleine von Beates Haus sah ich zum ersten Mal eine Unterhose mit Loch. „Oh, was ist das denn?" entfuhr es mir, gleichzeitig belustigt und entsetzt. Meine Freundin klärte mich darüber auf, dass ihre Großtante, die genau wie meine Oma nur Tracht trug, diese Unterhosen benutzte, um beim Pinkeln nicht umständlich die vielen Röcke raffen zu müssen. Auf die Art entfiel auch das lästige Ausziehen der Unterhose.

Noch lebhafter erinnere ich mich an den Tag, als Beate beim Heumachen im Garten ihrer Eltern plötzlich einen Kreislaufkollaps bekam. Sie saß auf einem Klappstuhl und fiel von einer Sekunde auf die andere plötzlich um. Ich war völlig erschrocken, rannte nach Hause und schrie: „Mama, Mama, die Beate ist gestorben!", was natürlich alle in Panik versetzte. Wie froh waren wir, als der Arzt kam und meine Freundin wieder zum Leben erweckte: Er legte sie ins Bett ihrer Eltern und kühlte ihre Stirn.

Obwohl Beate riesengroß war und ich eher schmächtig, war ich in unserer Freundschaft immer der Chef. Das lag mit Sicherheit auch an unseren Müttern, die uns ganz unterschiedliche Botschaften mit auf unseren Lebensweg gaben. Meine riet mir immer: „Lass dir von niemandem etwas gefallen!" Beates Mutter sagte zum Beispiel: „Sei ein bisschen rücksichtsvoll wegen Gunhilds Behinderung." Ich bestimmte also schon als Kind, was wir spielten und wie. Beate hielt nichts von Barbies, aber ich zwang sie einfach, die Puppen mit mir an- und auszuziehen. Sich dagegen zu wehren, wäre meiner Freundin nie in den Sinn gekommen.

Als wir etwa zwölf oder 13 Jahre alt waren, hatten wir beide Miniröcke. Meiner war besonders kurz, aber ich durfte ihn trotzdem tragen. Beates Rock war viel länger und damit auch weniger unanständig. Weil sie aber genau wie ich ihre Beine zeigen wollte, wickelte sie ihn immer wieder hoch, damit er kürzer wurde. Als ihre Oma sie so sah, gab sie ihr eine Ohrfeige und verbot ihr bei Androhung sämtlicher Höchststrafen, jemals wieder dieses unschickliche Ding zu tragen. So unterschiedlich waren unsere Familien.

Von Beates Haus aus konnte man durch den Garten direkt ins Schwimmbad gelangen. 1967 war es zuerst als zehn mal 25 Meter großer Feuerlöschteich angelegt worden. Ein Jahr später wurde es zum Schwimmbad umfunktioniert. Einen DLRG-Ortsverband und eine Badeaufsicht bekamen wir erst später. Anfangs passten einfach die Mütter auf, dass niemand von uns ertrank. Die Kinder steckte man in einen Schwimmreifen, band ein Seil dran und zog sie im Notfall an den Beckenrand zurück. Irgendwann lernten sie schon, sich über Wasser zu halten. Die Erwachsenen gingen möglichst gar nicht ins Wasser. Das schickte sich nicht.

Wir Kinder waren im Sommer immer Feuer und Flamme, ins Wasser zu kommen – selbst bei Wind und Wetter. Uns war auch ganz egal, wie grün und veralgt das Wasser war, denn damals wurde noch kein Chlor zur Reinigung benutzt. Da wir keine Badehosen und Schwimmanzüge hatten, gingen wir einfach mit unseren schwarzen Turnhöschen und -hemden ins Wasser. Bei mir waren zuerst alle skeptisch, ob ich mit meinen Armen überhaupt schwimmen lernen konnte. Aber sie waren auch nicht sonderlich überrascht, als ich es lernte. Man kannte das ja mittlerweile von mir: Was die anderen konnten, musste ich genauso gut oder besser machen. Und beim Schwimmen war das gar nicht so schwer, denn im Grunde geht das auch völlig ohne Arme. Hauptsache man hat kräftige Beine.

Ich lernte also nicht nur Schwimmen, sondern machte auch sämtliche Abzeichen und trat später sogar in die DLRG ein. Heute bin ich Vorsitzende der DLRG

44

Allendorf und verbringe einen Großteil meiner Freizeit damit, Schwimmkurse für die Dorfkinder zu geben und sie beim Spielen und Plantschen im Wasser zu beaufsichtigen. Deshalb ist unser Schwimmbad für mich fast so etwas wie ein guter alter Freund.

Beate traute sich anfangs noch nicht ins Wasser. Aber mit der Zeit steckte ich sie an. Als sie sah, wie viel Spaß ich beim Herumplantschen mit meinem Schwimmreif hatte, überwand sie sich und versuchte es auch. Danach war sie aus dem Schwimmbad praktisch nicht mehr herauszukriegen. Es ist ein Wunder, dass uns keine Schwimmhäute gewachsen sind.

In den Ferien durfte ich immer nach Herzhausen zu meinem Onkel Karl, das war der Bruder meines Vaters. Seine Frau, „Tante Rosa", kam vom Bodensee und sprach einen lustigen schwäbischen Dialekt, den ich am Anfang überhaupt nicht verstand. Aber nachdem ich mich bereits in unser Hinterländer Platt eingehört hatte, bereitete es mir keine großen Schwierigkeiten, auch Tante Rosas Sprache zu lernen. Je öfter ich sie besuchte, desto mehr süddeutsche Laute und Worte hatte ich drauf. Sogar die „Nachtigall" meiner Oma konnte ich bald übersetzen: „Bodschamber", heißt das auf schwäbisch. Es sah ganz so aus, als suche sich jede Region in Deutschland ein Pseudonym für dieses Wort. „Nachttöpfchen" scheint wohl zu anstößig zu sein.

Herzhausen war für mich eine Art zweite Heimat. Ich wurde dort ziemlich verwöhnt. Selbst in den Lebensmittelgeschäften des Ortes kannte man mich und bei jedem meiner Besuche fiel irgendein Lutscher oder Mohrenkopf für mich ab. Wahrscheinlich hatten die Leute ein wenig Mitleid mit mir, weil ich so

„annerscht" war. Aber ich genoss es trotzdem. Es tat gut, zu spüren, wie willkommen ich in Herzhausen war. Einmal im Jahr, am vorletzten Sonntag im August, fand dort das „Missionsfest" statt. Ich weiß noch, dass mich dabei immer sämtliche Omas in die Backe kniffen und mit hoher Stimme fragten: „Naaa, wie gieeeht's da?" Ich kam mir vor wie ein Baby, genoss aber gleichzeitig die Zuwendung, die mir von allen widerfuhr.

Mein Onkel machte mir einmal ein Kompliment, das ich bis heute nicht vergessen habe. Er sagte: „Gunhild, du bist ein Raubritter mit Herz." Die Allendorfer sind nämlich sehr stolz auf ihre Hohenfelser Burgruinen aus dem 13. Jahrhundert. Auch wenn dort oben keine edlen Grafen, sondern heimtückische Raubritter hausten. Die Einwohner der umliegenden Dörfer nennen uns deshalb manchmal scherzhaft „Raubritter". Aber mein Herz – das kam Onkel Karl zufolge eben aus Herzhausen.

Wenn ich nicht bei diesem Onkel Karl war, dann eben bei jenem. Der Bruder meiner Mutter trug nämlich denselben Namen wie der meines Vaters. Bloß kam dieser Onkel Karl aus Friedensdorf. Neben dem Vornamen hatte er noch etwas Weiteres mit meiner väterlichen Verwandtschaft gemeinsam: In Friedensdorf verwöhnte man mich genauso wie in Herzhausen. Karls Frau, Tante Gerda war eigentlich die Patentante meiner Schwester, aber ich nannte sie ebenfalls „Gote" und kriegte bei jedem Besuch ein Geschenk.

Auch zu meinen echten Paten hatte ich seit jeher ein gutes Verhältnis. Sie hatten mich schon immer in Hessisch Lichtenau besucht. Jetzt, da ich wieder in

46

Allendorf war, besuchte ich sie. Am liebsten trieb ich mich bei Petter Kurt und Gote Katharina herum. Sie hatten einen großen Schweinestall mit 300 quiekenden Ferkeln. Die Schweine waren Petter Kurts Lebenswerk. Er hegte und pflegte sie. Selbst als Katharina mit ihrem zweiten Kind in den Wehen lag, holte er erst die Hebamme, nachdem die Tiere versorgt waren. „Erscht muss ich de Sau furrern" Diesen Satz gibt seine Frau noch heute, 20 Jahre nach seinem Tod, schmunzelnd zum Besten. Und ich erinnere mich noch gut daran, wie er zu mir sagte: „Gunhild, do sei noch Pommes. Ess du se, bevier ich se de Sau geb!"

Einmal im Jahr war Schlachttag. Wir Kinder waren alle dabei und sahen zu, wie die tote Wutz da am Scheunentor hing und aufgeschnitten wurde. Dann kam sie in einen Trog und wurde zerteilt. Katharina musste stundenlang das frische Blut rühren, das anschließend zu Blutwurst verarbeitet wurde. Ihr tat die Sau leid. Aber uns Kinder faszinierte das gruselige Schauspiel. Wir waren immer dabei und standen viel im Weg rum.

Abends wurde dann ein Essen gemacht für alle, die bei der Schlachtung mitgeholfen hatten. Es gab Wurstsuppe, Sauerkraut, Brot in Brühe und „Saukluttcher", gekochte Schweinefüße. Die Nachbarn waren auch immer zur Stelle. „Do kinn ma Deppche reche", sagten sie, zu deutsch: „Da können wir Töpfe reichen" – und ließen sich was abpacken.

Als ich etwas älter war, verbrachte ich viel Zeit mit den Metzgerzwillingen Anne und Ellen. Im Sommer war für uns ein absolutes Highlight, wenn die Bauern ihr Heu einbrachten. Wir rannten dann immer zu den Scheunen und fragten, ob wir dengeln durften.

Heudengeln ist eine spaßige Angelegenheit. Wenn der Bauer mit einer Fuhre vom Feld kam – damals oft noch von Kühen gezogen – wurde das lose Heu auf den Dachboden der Scheune geblasen und lag dann dort meterhoch. Um Platz für die nächste Fuhre zu schaffen, mussten wir Kinder das Heu platt machen. Wir kletterten also ins Gebälk des Daches und sprangen juchzend von den Balken hinunter in den Heuberg. So ging das den ganzen Tag. Wenn wir abends heimkamen, gab es keine Pore auf unserer Haut, die nicht von Staub bedeckt war und aus jeder Ritze unserer Kleidung fielen Bruchstücke des duftenden, kratzenden Heus. Aber wir waren glücklich. Unsere Eltern schrubbten uns nach solchen Tagen unerbittlich in der Badewanne mit Flüssig-Atta und Kernseife ab. Meine Mutter hatte es dabei besonders auf meinen Hals abgesehen, der angeblich nie richtig sauber war. Heute weiß ich, dass ich einfach einige harmlose Pigmentflecke dort habe. Meine Mutter hat mich also jahrelang umsonst mit den kratzenden Putzmitteln gequält.

In unserer Waschküche stand ein Holzofen. Unsere dreckige Wäsche kochte meine Mutter immer zusammen mit einer Ladung Persil in einem Kessel auf diesem Ofen und legte kräftig Holz nach, damit alles sauber wurde. Anschließend stopfte sie die Wäsche in eine mechanische Drehschleuder und kurbelte so lange, bis das meiste Wasser weg war. Sie muss sehr viel Zeit in dieser Waschküche verbracht haben, denn angeblich kam ich nicht nur vom Heudengeln sehr schmuddelig nach Hause.

Obwohl Anne und Ellen eineiige Zwillinge waren, sahen sie sich nicht hundertprozentig ähnlich. Dadurch gingen uns Kindern leider die schönsten Verwechsel-Streiche durch die Lappen. Und genauso unterschiedlich, wie die Zwillinge aussahen, waren sie auch vom Wesen her. Ellen legte immer viel Wert auf adrette Kleidung und schminkte sich als Jugendliche sehr auffällig. Anne konnte mit diesen Dingen weniger anfangen.

Ihre Mutter Marga litt Zeit ihres Lebens an Rheuma und musste zudem viel in der Metzgerei arbeiten. Deshalb half meine Mutter ihr im Haushalt. Dieser Umstand hat unsere beiden Familien bis heute zusammengeschweißt. Ellen sagt immer noch oft: „Die Erna war wie eine Ersatzmutter für uns." So war das damals: Man half sich gegenseitig, arbeitete für den anderen und war trotzdem tief befreundet. Wir Kinder trafen uns mal hier und mal da. Zum Gummi-Twist, Ballspielen und Hula-Hoop-Tanzen kamen meine Freundinnen zu mir, da unser Hof ein Tor hatte und von außen so schön einsichtig war. Da wurde man gesehen und bekam auch selbst was mit. Nach der Schule ging ich oft mit Anne und Ellen nach Hause und wartete dort, bis meine Mutter mit der Arbeit fertig war. Wir saßen dann immer alle zusammen mit den Metzgerlehrlingen am Tisch und bekamen ein gutes Mittagessen. Das war natürlich mehr nach meinem Geschmack, als zu Hause zu sitzen und mich von meiner Schwester zur Hausarbeit antreiben zu lassen.

Tante Marga war eigentlich gelernte Schneiderin. Trotz ihrer Rheuma-Erkrankung und der Metzgerei gab sie ihre Nähmaschine nie auf. Sie ergänzte sich prima mit meiner Mutter, die unglaublich gut stricken und häkeln konnte. Die meisten Frauen dieser Generation waren Meisterinnen im Handarbeiten, Flicken und Verändern von Kleidung. Jedes Jahr im März holten unsere Mütter unsere Sommerkleider raus und probierten, ob sie uns noch passten. Sie nähten uns wunderschöne Röcke für die Sonntagsschule und schenkten uns zum Geburtstag oder zu Weihnachten selbst gestrickte Ausgehsachen für unsere Schlummerle-Puppen. Ich habe heute noch meine Lieblingspuppe. Sie trägt ein ausgestelltes geblümtes Häkelkleid, dem die lange, aufwändige Arbeit auf den ersten Blick anzusehen ist. Obwohl meine Mutter nicht mehr lebt, gibt es noch viele ihrer Kunstwerke bei uns. Wenn ich sie betrachte, weiß ich, mit wie viel Liebe und Zeitaufwand sie hergestellt wurden. Heute geht man einfach in ein Geschäft und kauft eines von tausend Plastikspielsachen zum Kindergeburtstag. Damals hat man ohne viel Geld noch echte Geschenke gemacht.

Wenn's um Kleidung ging, war ich durchaus anspruchsvoll. Ich wollte genauso hübsch aussehen wie andere Mädchen auch. Wenn meine Mutter mir wieder einmal einen Pullover gestrickt hatte, ging ich freudig in unser Textilgeschäft und suchte mir dort glänzende Perlmuttknöpfe aus. Die nähte meine Mutter mir an die Schultern, damit ich den Pulli besser an- und ausziehen konnte. Sie schneiderte mir auch viele passende Oberteile und Kleider, die meine Arme und Handansätze verdeckten. Es sollte alles möglichst normal aussehen. Die wenigen Kleidungs-stücke, die wir kauften, änderte sie entsprechend ab, indem sie die Ärmel ein Stück weit kürzte. Ich mache das heute noch genauso. Allerdings habe ich nun das nötige Selbstbewusstsein, um im Sommer auch mal kurzärmelige T-Shirts zu tragen. So weit war ich als Kind noch nicht.
An Weihnachten bestellten wir uns ausnahmsweise auch mal Kleidung bei Quelle. Eine Frau im Dorf betrieb eine winzige Agentur in ihrem Haus. Dort gab

es zwar außer ein paar Wäschestücken und Handtüchern nicht viel zu sehen, aber dazu waren ja die Kataloge da. Darin durfte ich mir nach meinem legendären Fahrradsturz sogar ein eigenes Kinder- und Jugendfahrrad heraussuchen. Ich entschied mich für ein modernes, orangefarbenes Klappfahrrad. Darauf war ich mächtig stolz.

Einkaufen gehörte als Kind zu meinen Lieblingsbeschäftigungen. Meine Mutter gab mir immer einen kleinen Korb und einen Geldbeutel mit abgezählten Münzen und einem Einkaufszettel drin und schickte mich los. Als ich noch jünger war, beobachtete sie mich so lange, bis ich um die Ecke verschwunden war. Stand ich dann bei Tante Marga in der Metzgerei, so zückte ich erst einmal umständlich meinen Geldbeutel. „Na, haste 's Geldbeutel dabei", fragte mich Tante Marga, weil sie mir behilflich sein wollte. Ich antwortete immer: „Das mach ich schon selber auf!" Und natürlich schaffte ich das auch, ehrgeizig wie ich war.

Manchmal schickten mich auch Petter Kurt und Gote Katharina zum Einkaufen. Meistens mangelte es ihnen am Kaffee. „Wir haben keinen Kathreiner-Kaffee mehr!" sagte Kurt dann und schickte mich mit ein paar Mark in der Hand zum nächsten Lebensmittelgeschäft. Dort bestellte ich dann „Kathrinchen-Kaffee", weil er ja für meinen Petter und meine Gote war. Ich bekam immer genau den richtigen Malzkaffee ausgehändigt.

Insgesamt gab es in Allendorf drei Lebensmittelgeschäfte, von denen zwei auch Wirtschaften waren. Die Läden hatten sich alle auf bestimmte Schwerpunkte spezialisiert, um einander nicht allzu sehr in die Quere zu kommen. Da gab es zum Beispiel

„Dengels". Hier konnte man neben Obst und Gemüse auch prima Geschenkartikel und später sogar Kleidung kaufen. Bei Dengels bekamen wir Kinder die beliebten „Pfennigbonbons." Für zehn Pfennige gab es zehn Bonbons. Natürlich schlichen wir erst ewig durch die Gänge und kramten dann noch länger in dem Bonbonglas herum, bis wir genau die Farben herausgesucht hatten, die wir uns vorstellten. Die Inhaber hatten dabei eine Engelsgeduld mit uns. Denn reich geworden sind sie dadurch sicher nicht. Damals waren Kinder in den Läden noch willkommen. Es drängelte auch nie jemand oder trieb uns zur Eile an.

Einmal in der Woche kam der Buchenauer Hausarzt zu Dengels und hielt in deren Küche eine Sprechstunde ab. Da wurden Rezepte ausgestellt, Blutdruck gemessen und Herzen abgehört. Für uns Allendorfer war das eine wichtige Sache. Manch ein alteingesessener Bauer hätte wahrscheinlich nie den Weg zum Arzt auf sich genommen, wäre dieser nicht jede Woche zu Dengels gekommen.

Das zweite Lebensmittelgeschäft war Habbeswegs. Am meisten ist mir noch der Inhaber in Erinnerung, denn er trug seine Brille immer auf der Stirn anstatt auf der Nase. Dieses Bild ist mir noch so gut in Erinnerung, als hätte ich dort gestern meine letzten Brötchen bestellt. Habbeswegs hatte sich neben Lebensmitteln auf Heimwerkerbedarf spezialisiert. Kleber, Nägel und Schrauben – dort kriegte man einfach alles. Und aus eigener Erfahrung weiß ich auch, dass der Mann mit der Brille auf der Stirn sehr gut Fahrräder reparieren konnte.

Habbeswegs war nicht nur ein Laden, sondern auch eine Kneipe. Wenn wir uns mal eine Cola leisten wollten, gingen wir dort hin. Der Inhaber war Meister darin, immer genau so viel Getränk ins Glas zu schütten, dass die Oberfläche exakt den Eichstrich berührte. Schwappte ihm ein Schluck zu viel hinein, so schüttete er es vorsichtig wieder zurück in die Flasche. Wenn der Wirt nicht hinguckte, streckten wir unser Cola mit Leitungswasser. Das Getränk war einfach zu teuer, und der Genuss von 0,3 Litern viel zu kurz.

Habbeswegs galt ein bisschen als die Wirtschaft, in der man ungestraft über Tische und Bänke springen konnte. Vielleicht fühlten wir uns als Jugendliche deshalb so wohl hier. Später fanden sogar Diskoabende statt. Wir gingen grundsätzlich schon um 19 Uhr hin, um noch einen guten Platz zu bekommen. Kein Vergleich zu heute, wo Jugendliche erst um 23 Uhr nachts losfahren.

Dann gab es noch Hennisch. Das war ebenfalls ein Lebensmittelladen mit Gaststätte. Bei Hennisch kauften wir Sahne und andere Milchprodukte, Lebertran und Rotbäckchensaft. Hier konnte man sich auch einen Salat bestellen und sogar Haarfarbe bekommen. Ellen kaufte einmal rote Farbe, um sich von ihrer Zwillingsschwester abzugrenzen. Sie sah danach aus wie eines von Petter Kurts Ferkelchen. Vielleicht hätte man ihr sagen sollen, dass hellblonde Haare mit roter Farbe schweinchenrosa werden...

Später, als wir schon Jugendliche waren, eröffnete noch jemand in seinem Keller die sogenannte Kellerbar. Das war eigentlich keine offizielle Wirtschaft, sondern ein privater Treff. Trotzdem gingen wir alle hin. Anne, Ellen und ich erfanden immer neue Ausreden, wo wir uns angeblich aufhalten würden, und schlichen uns stattdessen heimlich in die Kellerbar. Unseren Eltern war das Etablissement ein Dorn im Auge. Sie sagten, hier herrschten Zustände wie in Sodom und Gomorra. Dabei waren wir eigentlich alle mehr als anständig. Natürlich wurde in dem Jugendtreff ordentlich geschwoft und auch hin und wieder heimlich geraucht. Wir saßen auf der Couch, hörten Musik vom Plattenspieler und brachten uns gegenseitig Tanzschritte bei. Aber wir taten nichts wirklich Unmoralisches, dazu waren wir alle viel zu brav. Trotzdem war die Kellerbar lange Zeit das Dorfgespräch. „Was treiben die da?", fragten sich die Erwachsenen. Oder: „Schau mal, da kommt Qualm raus! Ob die da wohl rauchen?"

Eine Nachbarin, die genau gegenüber wohnte, guckte manchmal beim Fenster hinein und erzählte dann den Nachbarn und Bekannten, was sie gesehen hatte. Deshalb wusste auch meist ganz Allendorf, wer gerade in der Bar verkehrte. Was haben wir gelogen, wo wir angeblich hingehen würden. Wie oft blieben plötzlich unsere Uhren stehen und wir vergaßen die Zeit! Aber wir wurden trotzdem ständig erwischt. Einmal kam ich gut gelaunt aus der Bar und wollte mich auf den Heimweg machen. Da stand schon meine Mutter vor der Tür und empfing mich mit einer schallenden Ohrfeige.

4. Kapitel
Langer Prozess

Was damals an uns Landbewohnern fast völlig vorbeiging, war der lange und nervenaufreibende Contergan-Prozess, der von der Großen Strafkammer des Landgerichts Aachen gegen mehrere Mitarbeiter von Grünenthal eröffnet wurde. Als am 18. Januar 1968, sechseinhalb Jahre nach dem offiziellen Ende von Contergan, das Hauptverfahren begann, war ich gerade eingeschult worden und meine Familie hatte andere Probleme. Wir wussten zu diesem Zeitpunkt zwar schon, dass auch ich von einer Contergan-Schädigung betroffen war, doch es lag nicht in unserer Mentalität, Zeitungen zu wälzen und Nachforschungen anzustellen. Ich war eben so wie ich war. Man verschwendete keine Zeit damit, sich Gedanken über Dinge zu machen, die man nicht ändern konnte.

Bei den Betroffenen in vielen deutschen Städten war das anders. 312 von ihnen zogen gemeinsam mit den Rechtsanwälten Rupert Schreiber und Karl-Hermann Schulte-Hillen als Nebenkläger vor Gericht. Drei Staatsanwälte vertraten die Hauptklage. Karl-Hermann Schulte-Hillen hatte selbst einen contergangeschädigten Sohn. Ich denke, ohne diesen Umstand wäre damals alles anders ausgegangen für uns. Denn nur ein Mensch, der den Alltag und die Sorgen mit einem solchen Kind kennt, konnte diesen zermürbenden Prozess durchstehen, der zwei Jahre dauern sollte. Schulte-Hillen wusste, wofür er kämpfte. Und ganz sicher hatte er tief in seinem Herzen genug Wut und Hass, um sich der Lobby von Grünenthal entgegenzustemmen.

Von Anfang an war klar, wer in diesem Prozess das Geld vertrat. Die beiden Rechtsanwälte der

Geschädigten mussten es mit insgesamt 20 Strafverteidigern von Grünenthal aufnehmen. Angeklagt waren neben dem Eigentümer Hermann Wirtz auch der wissenschaftliche Direktor Heinrich Mückter, der Geschäftsführer, der kaufmännische Leiter, der Vertriebsleiter, der Abteilungsleiter und drei weitere wissenschaftliche Mitarbeiter. Ihnen wurde fahrlässige Tötung, fahrlässige und vorsätzliche Körperverletzung und Vergehen gegen das Arzneimittelgesetz vorgeworfen.

Grünenthal-Chef Hermann Wirtz zog sich schon schnell aus gesundheitlichen Gründen aus dem Verfahren zurück. Ein Amtsarzt bescheinigte ihm die Verhandlungsunfähigkeit, weil er zuvor an einem Geschwür des Zwölffingerdarms operiert worden war. Heinrich Mückter, ein ehemaliges Mitglied der NSDAP, soll bereits während des Dritten Reichs medizinische Experimente an KZ-Häftlingen in Polen vorgenommen haben. Nach dem Krieg floh er in die westlichen Besatzungszonen und wurde nie verhaftet. Grünenthal nahm ihn in den Nachkriegsjahren dankbar auf. Brachte Mückter doch die allerersten Penicillin-Stämme Deutschlands mit, die das Pharmaunternehmen vor dem sicheren Konkurs bewahrten. Eine Aufklärung über die Umstände, wie Mückter an die Stämme kam, verweigert Grünenthal bis heute. Unter der Leitung von Heinrich Mückter wurde Contergan entwickelt. Er führte einfach weiter, was er bei den Nazis begonnen hatte: Direkte Versuche an Menschen. Zwar wurde Contergan vor seiner Markteinführung im Tierversuch getestet, seine Auswirkungen auf das ungeborene Leben im Mutterleib aber blieben unerforscht.

1957 kam das Medikament auf den Markt. Bereits zwei Jahre später gab es erste Anzeichen dafür, dass es eine toxische Wirkung auf Nerven hatte. Bis Ende 1961 lagen Grünenthal 1500 Berichte von Apothekern und Ärzten vor, die vor Contergan warnten und es in Verbindung mit der enorm ansteigenden Zahl von Fehlbildungen bei Neugeborenen brachte. Nichts geschah. Erst als der Hamburger Kinderarzt und Humangenetiker Widukind Lenz am 26. November 1961 in der „Welt am Sonntag" einen Artikel mit dem Titel „Missgeburten durch Tabletten?" veröffentlichte, reagierte Grünenthal und zog Contergan aus dem Verkehr.

Viele Verteidiger des Pharmaunternehmens und der Wissenschaft insgesamt argumentieren, Grünenthal hätte für den Stand der damaligen Zeit nach bestem Wissen und Gewissen gehandelt. Doch warum kam es dann nur in Deutschland zum Skandal? Im Ausland stand man Thalidomid, dem Wirkstoff von Contergan, schon damals skeptisch gegenüber. Als ein US-Unternehmen 1960 seine Zulassung bei der amerikanischen Gesundheitsbehörde beantragte, wurde sie nicht erteilt. Die zuständige Ärztin äußerte Sicherheitsbedenken und forderte weitere Untersuchungen – auch zum Einfluss des Wirkstoffs auf ungeborene Kinder.

Die 20 Verteidiger von Grünenthal lieferten den Contergan-Opfern eine zermürbende Schlacht. Nach 283 Verhandlungstagen, 352 Zeugenbefragen, 29 Sachverständigen-Aussagen und dem Ausscheiden eines Richters wegen Befangenheit, bestand die Gefahr, dass infolge der langen strafrechtlichen Aufarbeitung die zivilrechtlichen Ansprüche der Opfer verjährten. Um dennoch einen Schadensersatz von Grünenthal zu erhalten, ließen sich die Vertreter der deutschen contergangeschädigten Kinder auf einen Vergleich ein. Sie verzichteten auf Schadenersatzansprüche in Milliardenhöhe gegen eine Entschädigung von 100 Millionen Deutsche Mark. Diesen Betrag zahlte Grünenthal in die Stiftung „Hilfswerk für behinderte Kinder" ein. Die Eltern unterzeichneten im Gegenzug eine Erklärung, in der sie versprachen, nicht mehr gegen das Pharma-Unternehmen zu klagen.

Am 18. Dezember 1970 wurde also das Strafverfahren wegen geringfügiger Schuld der Angeklagten und „zu geringem öffentlichen Interesse an der Strafver-folgung" eingestellt. Das Gericht bescheinigte Grünenthal sogar „branchenübliches Verhalten", als es sich so lange gegen einen Verkaufsstopp von Contergan wehrte. Zu Recht wird das Ende des Contergan-Prozesses mittlerweile als größter Justizskandal der Bundesrepublik Deutschland bezeichnet.

Alle Opfer erhielten aus den Einzahlungen in die Stiftung eine monatliche Rente. Deren Höhe war abhängig vom Schweregrad der Schädigungen und lag zwischen 121 und 545 Euro monatlich. In Großbritannien wurde den Opfern im Durchschnitt 2100 Euro im Monat zugesprochen. In den USA erhielt die Mutter einer contergangeschädigten Tochter einmalig 250.000 Euro, das Kind selbst 2,5 Millionen Dollar.

Bereits im Jahr 1997 war das Stiftungsvermögen in Deutschland aufgebraucht. Seither trägt der Staat die Kosten für unsere Renten. Als „ersten Schritt in die richtige Richtung" verdoppelte der Bundestag im Mai 2008 den monatlichen Betrag. Außerdem zahlte Grünenthal weitere 50 Millionen Euro in die Contergan-Stiftung ein.

Weder die Hauptverantwortlichen von damals noch die Firmenleiter von heute haben sich je bei uns entschuldigt. Familie Wirtz gehört immer noch zu den 100 reichsten Deutschen.

Ich selbst erhalte mittlerweile eine monatliche Rente. Ein Betrag, von dem allein man weder leben noch sterben könnte. Für uns als Familie ist das ein nettes Zubrot, von dem wir in Urlaub fahren können und spezielle Anschaffungen machen. Dadurch können wir uns eine behindertengerechte Küche mit herunter fahrbaren Schränken leisten, ein elektrisches Garagentor und das eine oder andere Haushaltsgerät, auf das ich als Nichtbehinderte vielleicht verzichten würde.

Aber wie viele Opfer müssen ihr Leben ohne Arme und Beine verbringen und haben weder eine Arbeit noch eine Familie, die sie unterstützt. 1090 Euro Höchstsatz im Monat erscheinen auf den ersten Blick vielleicht viel Geld. Aber würden Sie dafür beide Arme und Beine hergeben? Würden Sie ein Leben als Torso im Rollstuhl führen, den Spott und die Blicke der Gesunden ertragen? Wie viel ist ein Arm wert oder ein Bein oder ein Finger? Wenn wir Contergangeschädigten auf die Barrikaden gehen, Hungerstreiks und Mahnwachen abhalten, dann tun wir das nicht, weil wir geldgierig sind. Wir tun es, um zumindest einen Teil der Gerechtigkeit zu erhalten, die uns Grünenthal seit Jahrzehnten schuldig ist. Niemand kann uns unsere Gliedmaßen heilen. Aber höhere Entschädigungszahlungen würden zumindest helfen, ein qualitativ besseres Leben führen zu können. Eine Summe, die uns ganz und gar entschädigt, ist ohnehin nicht vorstellbar.

5. Kapitel
Keine Lust auf Extrawurst

Als ich älter wurde, nagten immer mehr dunkle Gedanken an mir. Ich kämpfte schwer mit mir und meinem Körper. Außerdem kam ich nicht von dem Gedanken los, dass mein Vater wegen mir Alkohol trank. Alle meine Freundinnen hatten ihre ersten Freunde, nur ich war immer noch solo. Irgendwie fühlte ich mich ständig wie das fünfte Rad am Wagen, war hochsensibel und legte alles auf die Goldwaage. An manchen Tagen spielten meine Hormone völlig verrückt. Aus dieser Zeit gibt es viele Fotos von mir, die mich mit ständig neuen Frisuren, Haarfarben, Brillen und verrückten Klamotten zeigen. Ich trug Fönwelle, Bubikopf und sogar Afrolocken. Nach außen hin war ich einfach ein sehr vielseitiger Mensch. In Wahrheit suchte ich wie jede Jugendliche nach meiner wahren Identität. Vielleicht war meine Suche aber etwas härter und extrovertierter als die meiner Freundinnen. Ich musste nicht nur für mich selbst meinen Platz in der Welt finden, sondern auch für meine Behinderung.

Langsam aber sicher begriff ich, dass ich für den Rest meines Lebens kurze Arme haben würde. Bis dahin hatte ich immer noch gehofft, eines Tages würde mich jemand operieren und damit ganz gesund machen. Der Landesvertrauensarzt vom Gesundheitsamt hatte manchmal erwähnt: „In Amerika könnte man das vielleicht operieren." Aber als ich ihn immer wieder danach fragte, ruderte er zurück und sagte: „Nein, vergiss das! Selbst wenn es möglich wäre, müsste man das aus eigener Tasche bezahlen und so viel Geld habt ihr nicht." Das nahm mir meine letzte Hoffnung.

Immer öfter dachte ich darüber nach, mich umzubringen.

Eines Tages, ich war damals 14 oder 15 Jahre alt, gab es irgendeinen Disput. Ich weiß nicht einmal mehr, mit wem oder worum es dabei ging. Jedenfalls ging ich an unseren Medikamentenschrank zu Hause und nahm wahllos einige Tabletten heraus, die ich allesamt schluckte. Danach ging ich in die Kellerbar, um nicht allein zu sein, setzte mich auf das Sofa und wartete, was passierte. Ich war nicht hundertprozentig sicher, dass ich sterben würde. Unterbewusst hatte ich wahrscheinlich vorsorglich zu wenig Tabletten geschluckt. Aber ich nahm zumindest in Kauf, dass es passierte. Ich wollte ein Zeichen setzen, den Leuten zeigen, wie schlecht es Kotche's Gunhild ging.

Dort auf der Couch in der Kellerbar, inmitten meiner tanzenden und rauchenden Freunde, wurde mir plötzlich speiübel. Als ich anfing, die Augen zu verdrehen, fragte mein Großcousin: „Guni, was ist denn los?" Ich konnte ihn kaum mehr verstehen. Er klang wie von weit her aus einem anderen Leben. Lallend erzählte ich ihm, dass ich Tabletten geschluckt habe. Da packte er mich sofort, hob mich hoch und brachte mich heim zu meiner Mutter. Die erschrak bei meinem Anblick fürchterlich und rief sofort den Hausarzt. Doch der sagte nur: „Ach, Erna, gib ihr Salzwasser zu trinken. Wenn sie sich daraufhin nicht erbricht, rufst du noch mal an!"

Meine Mutter musste nicht noch einmal anrufen. Das Salzwasser behielt ich nicht lange bei mir. Innerhalb weniger Minuten hing ich wie benommen über der Toilettenschüssel und entledigte mich sämtlicher Tabletten. Danach verfrachtete mich meine Mutter ins Elternbett. Abwechselnd kümmerten sich meine beiden Eltern die ganze Nacht lang um mich, hielten mich wach und beobachteten, ob es mir gut ging. Es war schön, so umsorgt zu werden. Manchmal braucht man im Leben einfach eine Riesenportion Bestätigung.

Nach dieser Erfahrung habe ich nie wieder versucht, mich umzubringen. Und noch weiter: Ich habe auch aufgehört, mit mir und meinem Körper zu hadern. „Schluss, Aus!", schwor ich mir, sobald ich wieder klar denken konnte. „Jeder muss mich so akzeptieren, wie ich nun mal bin. Auch ich selber. Und wenn jemand das nicht kann, dann ist es halt so!" Das war ein Wendepunkt in meinem Leben. An diesem Tag machte ich meinen Frieden mit mir selber. Und dieser hielt zum Glück bis heute.

Noch ein weiteres schlimmes Erlebnis hatte ich etwa zur selben Zeit: am Weihnachtsabend 1976 starb meine Großmutter. Sie war zu dieser Zeit im Krankenhaus mit einem Oberschenkelhalsbruch und hatte mir am Vorabend prophezeit: „Mach's gut. Gunhild, ich gehe fort und komme nicht mehr. Der Opa hat mich gerufen!"

Ich habe den Tod meiner Oma immer den Kartoffeln zugeschrieben. Ihr Leben lang war sie fast jeden Tag auf dem Kartoffelacker gewesen. Abends hatte sie Kartoffeln geschält und gekocht. Und ihr großes Hobby war, in den Keller zu gehen und nachzusehen, wie viele Kartoffeln noch da waren. Bei einer solchen Visite stürzte sie eines Tages die Kellertreppe hinunter und brach sich dabei den Oberschenkelhals – eine Verletzung, von der sich alte Menschen oft nicht mehr erholen. So war es auch bei meiner Großmutter. Nach diesem Unfall kam sie nicht mehr auf die Beine.

Am Weihnachtsmorgen lebte sie aber noch und ich musste aus dem Haus, um „Christkind" zu spielen.

Bei uns im Dorf war es Brauch, dass die weiblichen Konfirmanden an diesem Tag von Haus zu Haus gingen, mit einem Glöckchen klingelten, einige Sprüche aufsagten und den Kindern Geschenke überreichten, die ihnen vorher von den Eltern ausgehändigt wurden. Dafür bekamen wir ein bisschen Geld und viele feuchte Händedrucke. Die Jungen machten dasselbe an Nikolaus.

Noch während ich in meinem weißen Kleidchen durchs Dorf schwebte, verstarb im Krankenhaus meine Oma. „Sagt's nicht der Gunhild", bat meine Mutter die Leute. Sie wollte, dass ich wenigstens diesen Nachmittag noch unbeschwert mit den Konfirmanden verbringen konnte. Aber natürlich trug der Dorfklatsch die Nachricht trotzdem bis zu mir. Als ich so vom Tod meiner Oma erfuhr, gab ich mein Christkind-Kleid einem anderen Mädchen und rannte unter Tränen nach Hause.

Nach dem Tod meiner Oma war unsere Tischrunde wieder um eine Person kleiner geworden. Wie zuvor bei meinem Opa auch, konnten wir es kaum fassen, dass unsere Familie einfach geschrumpft war. Der Platz meiner Großmutter, ihre Stellung in der Familie, würde fortan unbesetzt bleiben. Meine Mutter brauchte sehr lange, bis sie begriff, dass sie von nun an weniger Kartoffeln schälen musste.

Nachdem ich mit der Schule fertig war, stand auch für mich das Thema Ausbildung an: Im Grunde wusste ich nicht recht, wo ich mich bewerben sollte. Doch noch bevor ich selbst eine Entscheidung fällen konnte, versuchte bereits das Arbeitsamt, mich „behindertengerecht" unterzubringen. Wir bekamen einen Brief, in dem es hieß: Ab in ein spezielles Internat zur Ausbildung! Das wollte ich aber nicht. Wieder einmal versuchten die Behörden, mich in eine Schublade zu stecken. Und wieder einmal ging unsere Familie mit vereinten Kräften dagegen an. Zum Glück war es nicht ganz so schwierig wie bei meiner Einschulung, das Amt umzustimmen. Also ging ich erstmal zur Berufsfachschule und bewarb mich zwischendurch auf verschiedene Stellen im Büro, unter anderem bei der hiesigen Kommune. Hier bekam ich sehr bald eine Zusage als Verwaltungsfachangestellte. Wie ich erfahren musste, wurde ich nicht wegen meinen Leistungen ausgewählt. Ein Gemeindevertreter hatte sich wohl für mich eingesetzt und erreicht, dass ich die Stelle bekam. Als ich das herausfand, musste ich ziemlich schlucken. Ich hatte immer ein Problem damit, wenn ich wegen meiner Contergan-Schädigung entweder besser oder schlechter behandelt wurde als andere. Aber ich beschloss, in diesem Fall meinen Stolz einmal beiseite zu räumen und die Stelle anzutreten.

Umso mehr stürzte ich mich mit Feuereifer in meine Arbeit. Gerade weil ich durch Vitamin B hineingerutscht war, wollte ich meinen neuen Kollegen zeigen, dass man mich auch tatsächlich brauchen konnte. Wenn ich sonst im Leben immer 110 Prozent gab – in der Arbeit gab ich 120 Prozent. Allerdings stellte ich sehr bald fest, dass meine Kollegen gar kein Problem mit mir hatten. Sie waren sehr nett und behandelten mich nicht anders als andere Auszubildende. Unter den Azubis an der Berufsschule lernte ich sogar eine neue, sehr enge Freundin kennen, Gabriele aus Dexbach. Mit ihr unterhielt ich mich viele Jahre später über unsere erste Begegnung und war doch ziemlich erstaunt, als sie zugab: „Ich weiß noch, dass ich bei deinem Anblick erst schon irritiert war. Oh, jetzt haben wir ein Contergankind in der

Klasse, dachte ich. Wie sprichst du die wohl an? Wie macht man da den ersten Schritt?" Gabis Mutter arbeitete in der Marburger Blinden-Studienanstalt, daher gehörten behinderte Menschen in ihrer Familie eigentlich zum Alltag. Aber Gabi wusste auch: Viele wollen über ihr Handicap nicht sprechen, wollen keine besondere Behandlung oder verwechseln Freundlichkeit mit Mitleid. Deshalb war sie ziemlich froh, als ich mich in der Pause zu ihr und ihrer Freundin Annette hinstellte und einfach zu reden anfing. Da war die Hemmschwelle weg. Gabi, Annette und ich waren fortan immer als Trio unterwegs. Wir mochten uns alle drei, aber Gabi und ich merkten schnell, dass wir ganz genau die gleiche Wellenlänge hatten. Im Gegensatz zu Annette liebten wir Partys, Diskobesuche und Action. Unzählige Nächte zogen wir gemeinsam durch Marburg und manchmal lachten wir miteinander so lange, bis wir keine Luft mehr bekamen. Unser Verhältnis zueinander hat sich bis heute nicht geändert. Wir gehen zwar nicht mehr so oft auf Partys, aber lachen können wir immer noch bis sich die Balken biegen. Ich bin jetzt die Patentante ihres ersten Kindes und sie ist meine Trauzeugin.

Meine Ausbildung dauerte von August 1978 bis Juni 1981. Dabei wanderte ich durch die verschiedenen Abteilungen der Gemeinde. In der Finanzabteilung arbeiteten wir noch mit einem Magnetcomputersystem. Die Magnetkonten dienten als Speichermedien und wurden von den damaligen Computern als Datenträger akzeptiert, weil es noch keine elektronischen Speichermedien gab. Das lief bei uns unter dem Begriff „EDV". In meinen kühnsten Träumen hätte ich mir damals nicht vorstellen können, dass ich ein paar Jahrzehnte später ein I-phone mit Touchpad besitzen würde und dass die Nachbarskinder ihre Freizeit an Spielekonsolen und Nintendos verbringen würden. In sämtlichen Abteilungen schrieben die Mitarbeiter Briefe und Urkunden mit der Schreibmaschine. Die absolute Neuerung waren damals elektronische Schreibmaschinen, bei denen man einen Satz speichern konnte, bevor er aufs Papier gedruckt wurde. Das war eine große Hilfe, denn ein Tippfehler in einer Urkunde durfte nicht mit Tipp-Ex retouchiert werden. Stattdessen musste man dann das komplette Dokument neu erfassen – alles mit urkundenechtem Farbband wohlgemerkt. Zum Schreiben benutzte ich drei meiner acht Finger. Damit kann ich zwar keiner echten Profihackerin Konkurrenz machen, aber ich tippe bemerkenswert schnell und ohne Hinsehen.

Am wohlsten aber fühlte ich mich im Standesamt, wo ich nach meiner Ausbildung auch eine feste Anstellung bekam. Hier war ich in meinem Element, denn es herrschte eine Menge Publikumsverkehr und man hatte Gelegenheit, mit Leuten zu reden und Kontakte zu pflegen. Bis zu diesem Zeitpunkt war ich zwar in Allendorf bekannt wie ein bunter Hund, nicht aber in der kompletten Gemeinde. Es gab also einige Leute, die die Tür vom Standesamt öffneten und sozusagen direkt in meine Arme liefen. Als sie sahen, dass daran etwas nicht in Ordnung war, blickten sie sich irritiert um und entdeckten dabei meine nicht-behinderte Kollegin am Schreibtisch nebenan. Sie senkten dann den Blick und gingen lieber zu ihr. Das waren die wenigen enttäuschenden Augenblicke in meinem Arbeitsleben. Doch auch sie wurden im Laufe der Jahre seltener. Der Mensch ist zum Glück so gepolt, dass er Wohlbekanntes und Dauerhaftes im Laufe der Zeit einfach weniger beängstigend findet. Und wer erst einmal geheiratet, Kinder bekommen

66

und Angehörige beerdigt hat, war irgendwann einfach oft genug auf dem Standesamt, um an meinen kurzen Armen nichts Abschreckendes mehr zu sehen. Später, als ausgebildete Standesbeamtin, konnte ich mit den alltäglichen Begegnungen auf meinem Amt sogar so gut umgehen, dass ich versuchte, die Leute in ihren Hemmungen und Beklemmungen mir gegenüber zu entlasten. Zum Beispiel ging ich nach der Trauung ganz von selbst auf die Eheleute zu und schüttelte ihnen die Hand, bevor sie darüber nachdenken konnten, ob man mir nun die Hand geben sollte und an welcher Stelle man mich anfassen musste. Ich kann es überhaupt nicht ausstehen, wenn Menschen mir beim Händedruck nicht die Hände, sondern den verkürzten Unterarm drücken. Das Problem klärte ich also einfach dadurch, dass ich zuerst zupackte.

Während meiner Ausbildung erinnere ich mich eigentlich nur an zwei Situationen, in denen ich mich wirklich unwohl fühlte. Beide hatten nichts mit meiner Behinderung zu tun, sondern mit meinem sprunghaften Wesen und der Angewohnheit, zuerst zu reden und dann zu denken. Einmal kam eine ältere Frau, um den Sterbefall ihres Ehemanns anzuzeigen. Damals machten das die Hinterbliebenen noch selber. Im Grunde war ich bei solchen Gelegenheiten sehr pietätvoll und tief ergriffen. Manchmal musste ich selber fast mitweinen. Aber an diesem Tag waren meine Gedanken irgendwo anders und dabei entschlüpfte mir ein Satz, den ich am Vortag bei „Meister Eder und sein Pumuckl" aufgeschnappt hatte. Noch ehe mein Gehirn begriff, was mein Mund tat, war mir die Frage herausgerutscht: „Wann ist er denn gestörbselt?"

Ich wurde daraufhin knallrot und hatte schreckliche Gewissensbisse. Aber die Frau war in dem Moment so traurig und aufgelöst, dass sie meinen Sprechfehler überhaupt nicht bemerkte. Auf jeden Fall zeigte sie keinerlei Reaktion. Mir tut das bis heute leid.

Das andere Mal wurde ich zum Personalchef zitiert, um ihm mein Zeugnis von der Berufsschule zu zeigen. Damit hatte ich nicht gerechnet und schlich ziemlich kleinlaut in sein Büro. Denn in Mathe hatte ich eine fette Fünf. Natürlich bekam ich daraufhin einen sehr ernüchternden Vortrag gehalten. Ich wunderte mich ein bisschen, weil der Personalchef ständig sagte: „Sie auch noch! Sie auch noch!" Danach ging ich mit hochrotem Kopf zu meinen Kollegen zurück und erzählte ihnen von dem Gespräch. Da lachten sie und gaben zu, dass sie in Mathe auch keine besseren Leistungen erzielt hatten. Ich kämpfte also mit dem schweren Erbe der chronisch mathematisch unbegabten Dautphetaler Azubis. Das musste sich ändern. Im nächsten Halbjahr strengte ich mich nach Kräften an und bat außerdem meinen Cousin um Nachhilfe. Damit schaffte ich es auf eine Drei und stellte nicht nur meine Lehrer, sondern auch meinen Personalchef zufrieden.

Alles in allem war ich mit meiner Arbeit bei der Gemeinde glücklich. Von meinem ersten Gehalt kaufte ich mir ein tragbares Fernsehgerät, das ich zu Hause stolz in meinem „Wohnzimmer" aufbaute. Meine Schwester Gudrun hatte mittlerweile geheiratet und war mit ihrem Mann ins 15 km entfernte Breidenstein gezogen. Dadurch hatte ich nun zwei Zimmer für mich allein – eines davon bekam der Fernseher. Ab sofort waren andere Zeiten angebrochen. Denn wenn jetzt auf einem Kanal „Sissy" lief und auf dem anderen „Dalli Dalli" oder „Der große Preis", dann konnten meine Eltern ihre Shows alleine gucken und ich schmachtete in meinem

68

eigenen Kino Romy Schneider und Karlheinz Böhm an. Manchmal lud ich auch Freundinnen dazu ein. Das war einfach wundervoll.

Als ich 1978 anfing zu arbeiten, hatte ich noch keinen Führerschein. Aber auch das wollte ich so schnell wie möglich nachholen. Die Aussicht, ein eigenes Auto zu besitzen, und damit eine ganz neue Freiheit, reizte mich sehr. In der Fahrschule zweifelte man natürlich zunächst wieder an meinen Fähigkeiten. Es wurde überlegt, ob ich überhaupt einen Schaltwagen fahren konnte oder ob man auf Automatik ausweichen müsse. Auf Nachfrage bei der Führerscheinstelle hieß es zunächst: „Wenn sie mit Schaltung zurechtkommt, kann sie das machen." Wie immer hatte ich keine Lust auf Extrawurst und absolvierte fast alle Fahrstunden auf Schaltung. Automatik, das war für mich ein Sinnbild für einen Führerschein zweiter Klasse, das war das Gleiche wie ein Behinderten-Ausweis. Ich wollte normale Sachen machen, normale Kleidung tragen und ein normales Auto fahren, basta!
Mit der Schaltung kam ich gut zurecht und war für eine Fahranfängerin auch eine ganz passable Autofahrerin, wie ich fand. Ich war sehr stolz auf mich. Dann stand der Tag der Prüfung an. Ein paar Tage zuvor rief mich der Fahrlehrer an und sagte: „Tut mir leid, Gunhild, aber die Prüfungsstelle hat ihre Meinung geändert: Du darfst nicht auf Schaltwagen fahren, sondern musst wegen deiner Behinderung auf Automatik ausweichen."
So kurz vor dem Ziel noch einen Knüppel zwischen die Beine geworfen zu bekommen – damit hatte ich nicht gerechnet. Aber weil ich grundsätzlich nicht gern aufgebe, beschloss ich, trotzdem zur Prüfung anzutreten. Leider half mir an diesem Tag auch mein

Dickkopf nichts. Ganz im Gegenteil. Vor lauter unterdrückter Wut und Aufregung fiel ich sogar durch die schriftliche Prüfung. Beim nächsten Termin, einige Tage später, hatte sich meine innere Erregung zum Glück wieder gelegt. So schaffte ich zwar das Schriftliche, aber dennoch stand ich mit dem Automatik-Auto nicht auf Du und Du.

Meine Prüfungsfahrt dauerte nicht lange. In den zehn Minuten, die ich am Steuer saß, schaltete ich ungefähr hundertmal, was natürlich überhaupt nicht funktionierte. Der Motor heulte, das Fahrzeug ruckelte und ich fiel mit Pauken und Trompeten durch die Prüfung. Also musste ich wieder zurück zu den Fahrstunden und lernte in den kommenden Wochen, einen Wagen mit Automatikgetriebe zu steuern. Als ich das nächste Mal bei der Prüfungsstelle vorfuhr, hatte ich mehr Erfolg: Diesmal bestand ich problemlos und der Prüfer sagte: „Nach einem Jahr Fahrpraxis dürfen Sie noch mal zur Prüfung auf Schaltwagen antreten. Wenn das gut funktioniert, streichen wir die Automatik-Auflage aus dem Schein wieder raus." Mein Dickkopf ließ mir das folgende Jahr lang keine Ruhe. Ich wollte keinen Trostpreis, sondern dieselbe Fahrerlaubnis wie alle anderen auch. Daher übte ich mit meinen Fahrlehrer, der zum Glück auch mein Nachbar war, wieder auf Schaltung zu fahren. Und pünktlich ein Jahr später fuhr ich wieder zur Prüfungsstelle, diesmal nach Kassel. Meine dritte Prüfung dauerte beinahe so kurz wie die erste: aus dem Hof raus, in die nächste Seitenstraße rein und schon sagte der Prüfer: „Das klappt ja prima. Wieso fahren Sie denn nicht schon längst so?" Am Ende hatte mich der ganze Führerschein jede Menge Geld und Nerven gekostet. Aber ich habe ihn bekommen!

Mein erstes Auto war ein VW Golf. Ich hatte nicht das komplette Geld dafür angespart und musste mir von meiner Mutter aushelfen lassen. Sie lieh mir zwar einen großen Betrag, sagte aber gleich dazu: „Das musst du auf Heller und Pfennig zurückbezahlen!" So stotterte ich also in den folgenden Monaten mein Auto bei ihr ab und beobachtete, wie sie sorgfältig Buch darüber führte, bis das „zinslose Darlehen" schließlich getilgt war.

Gleich am ersten Tag holte ich Beate von der Arbeit ab und fuhr sie voller Stolz nach Hause. Abends ging es oft in die Disko nach Warzenbach, Tanzen, Cola trinken, Jungs anflirten – was man als junge Frau halt so macht. In unserer Clique war ich die erste, die ein eignes Auto hatte, deshalb rissen sich natürlich alle darum, mit mir mitfahren zu dürfen. Oft machten wir uns zu fünft auf den Weg in die Disco. Mehr Leute, als offiziell erlaubt waren, quetschte ich aber nicht in meinen Golf. Dazu war mir mein sauer verdienter Führerschein viel zu schade.

Mein erstes Auto: Ein VW Golf Automatic.

Ich und mein „Südländer" Hennes.

Auf der Suche nach mir selbst blieben modische Fehltritte natürlich nicht aus.

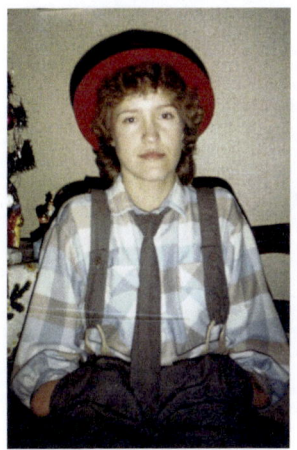

Mal trug ich Krawatte ...   *... mal Fön-Welle.*

Die Arbeit auf der Gemeindeverwaltung machte mir Spaß. Schon bald akzeptierten mich alle Kunden.

Beim Ju-Jutsu-Training wollte ich allen zeigen, dass ich (oben) eine ernstzunehmende Gegnerin war.

6. Kapitel
Auf die Beine kommt es an

Mit 20 hatte ich eigentlich alles, was junge Leute sich wünschen: Einen tollen Freundeskreis, einen sicheren Arbeitsplatz, ein eigenes Auto mit Schaltgetriebe und sogar ein bisschen Geld auf der hohen Kante. Es fehlten eigentlich nur zwei Dinge: Ein aufregendes Hobby und ein richtiger fester Freund. Der erste Wunsch, beschloss ich, war relativ einfach zu erfüllen. Damals hatte in Biedenkopf gerade ein Ju-Jutsu-Studio eröffnet. Jedes Mal wenn ich daran vorbeiging, fing mein Herz an zu klopfen. Ju-Jutsu ist eine Kampfsportart ohne Waffen, die von den furchtlosen japanischen Samurai-Kriegern stammt. Die Vorstellung, mich trotz meiner kurzen Arme selbst verteidigen zu können, einen möglichen Angreifer durch Schlag- und Tritttechniken zu Boden zu werfen, war ziemlich überwältigend für mich. Die Frage war nur, ob ich mir in diesem Fall nicht zu viel vorgenommen hatte. Immerhin kämpften alle anderen mit vier Körpergliedern und ich wollte es mit zwei versuchen. Eines Tages fasste ich mir trotzdem ein Herz und marschierte kurzerhand in das Studio. Der Trainer hieß Fritz Bauer und hatte den schwarzen Gurt. Als er mich kommen sah, machte er zuerst große Augen. Aber dann erwachte scheinbar der Samurai in ihm. „Kann ich das auch lernen?", fragte ich so selbstbewusst wie möglich. Er zögerte nur ganz kurz. Dann beschloss er: „Ja, das kannst du auch. Karate und Judo sind nichts für dich. Aber du hast starke Beine und beim Ju-Jutsu kann man damit viel erreichen."
Noch am selben Tag begann ich mit meiner Kampfsport-Karriere. In der ersten Zeit machte ich

vor allem Bauchmuskeltraining und übte das Fallen. Für mich war es besonders wichtig, auf den richtigen Stellen zu landen, weil meine schmalen Schultern und meine Arme nicht viel Aufprallschutz boten. Es dauerte nicht lange und ich bekam meine ersten Gegner zugeteilt. Anfangs hatte ich den Eindruck, dass niemand so recht gegen mich kämpfen wollte. Wer brüstete sich schon gern damit, eine körperbehinderte Frau umzuhauen. Es war den Leuten auch anzusehen, dass sie darüber nachdachten, sich stattdessen von mir umhauen zu lassen, um mir einen Erfolg zu verschaffen. Aber darauf hatte ich keine Lust. Am meisten ärgerte mich, dass es vor allem Frauen waren, die mich nicht anpacken wollten. Die männlichen Trainingspartner lernten viel schneller, wie weit sie gehen durften. Einmal fummelte eine Gegnerin so lasch an mir herum als wäre ich ein Kleinkind. Da konnte ich nicht mehr an mich halten und raunte ihr zu: „Ich bin nicht aus Zucker, nun mach endlich!" Und plötzlich ging es eben doch.

Als ich etwas besser wurde, griff ich grundsätzlich sofort gnadenlos an und meine Mitsportler merkten schnell, dass ich ihnen etwas entgegensetzen konnte. Ich entwickelte sogar einen Gunhild-Spezial-Trick: Da kaum jemand überhaupt mit meinen Armen rechnete, trat ich so lange mit den Beinen nach meinen Gegnern, bis sie mir nahe genug kamen. Dann schlug ich mit meinem verkürzten Ellbogen hinterher und brachte sie zu Fall. Fritz Bauer brachte mir noch mehr solcher Kniffe bei, um damit mein körperliches Handicap auszugleichen. Natürlich gab es aber auch ein paar Momente, wo ich an meine Grenzen stieß und nicht ganz so weit kam, wie ich gehofft hatte. Trotzdem: Innerhalb weniger Monate hatte ich es geschafft, mit meiner Körpergröße von 1,55 Metern, meinem Fliegengewicht und meiner Contergan-Arme erfolgreich gegen gesunde Männer und Frauen anzutreten. Das brachte mir doppelt Respekt: den der anderen und meinen eigenen. Und genau danach hatte ich in den letzten Jahren oft vergeblich gesucht.

Natürlich gewann ich nicht alle Kämpfe. Aber genau deshalb erfüllte mich das Training ja so. Nachdem endlich auch dem Letzten klar war, dass ich eine robuste und erstzunehmende Gegnerin war, ging auch niemand mehr zimperlich mit mir um. Manchmal packten sie mich sogar richtig heftig an. Einmal warf mich ein Mädchen beim Überwurf so heftig auf die Matte, dass mir schier die Luft wegblieb. „Oh Gott, hast du dir wehgetan?", rief sie sofort. Aber ich rappelte mich gleich wieder auf und machte weiter. Das war einer jener Tage, an denen ich mit schmerzendem Rücken und blauen Flecken am Oberschenkel nach Hause kam und meine Mutter bei meinem Anblick die Hände über dem Kopf zusammenschlug. Aber in Wahrheit taten die Blessuren nicht halb so weh, wie jeder glaubte. Mein neu geborenes Selbstbewusstsein steckte die paar Hiebe und Tritte locker weg.

Meinen gelben Gurt durfte ich schon nach vier Wochen abgeben. Ich machte eine Gürtelprüfung nach der anderen: orange, grün, blau – und schließlich sogar braun. Wir trainierten dann an zwei Abenden unter der Woche und waren fast jedes Wochenende unterwegs. Durch die zahlreichen Sportlerübungen und Lehrgänge kamen wir sogar bis nach Wien, Belgien, Frankreich und Holland. Ich werde nie die Fahrt nach Frankreich vergessen, bei der wir stundenlang im Stau standen und uns später wie eine Horde ausgehungerter Wölfe auf das Büffet in der Herberge stürzten. Die Franzosen sahen uns ganz pikiert an und aßen kopfschüttelnd weiter mit ihren vielen Gabeln und abgespreizten kleinen Fingern. Aber noch am selben Abend schlossen wir Freundschaft und am nächsten Morgen traten wir gegeneinander an. Das waren schon tolle Erlebnisse, die ich ohne mein aufregendes Hobby zu Hause in Allendorf nie gehabt hätte.

Ich bin noch heute sehr stolz auf meine Ju-Jutsu-Karriere. Alle Prüfungen, die ich abgelegt habe, waren Standart-Prüfungen. Keine Extrawurst, keine Gürtel zweiter Klasse. Ich kann wohl von mir sagen, dass ich diesen Sport sehr gut beherrscht habe. Und das fühlt sich auch in der Erinnerung immer noch toll an.

Das andere Thema war schwieriger. Mein fester Freund ließ auf sich warten. Bis auf zwei kleine aber enttäuschende Liebeleien hatte sich noch nichts Erfolgversprechendes ergeben. Die meisten Jungen konnten mich ganz gut als kumpelhafte Freundin akzeptieren, da ich spontan, witzig und nicht zickig war. Aber zu mehr reichte es irgendwie nicht. Und falls es doch mal zwischen einem Jungen und mir knisterte, schaltete sich sofort mein Kopf ein und meldete Bedenken an wie „Will der nur das Eine? Meint er es wirklich ernst? Wie steht er zu deiner Behinderung?" Ich machte mir nichts vor. Mir war klar, dass mein Singledasein zum Großteil auf meine Contergan-Schädigung zurückzuführen war. Aber ich gab die Gewissheit nicht auf, dass eines Tages jemand kommen würde, der mein körperliches Handicap nicht in den Vordergrund stellen, sondern sich in mein Wesen verlieben würde.

Bis dahin sah ich um mich herum aber nur Pärchen und fühlte mich in ihrer Gegenwart immer wie eine einsame Insel im wogenden Meer des Lebens. Das war ein deprimierendes Gefühl. Weil ich die Gesellschaft der Pärchen nicht ertragen konnte, war ich zu der Zeit lieber mit männlichen Kumpels unterwegs. Die knutschen wenigstens nicht in meiner Anwesenheit.

Zwei dieser Freunde kamen aus einem Dorf in der näheren Umgebung. Mit ihnen ging ich abends fort, tanzte mal mit diesem, mal mit jenem und lernte auch neue Leute aus anderen Orten kennen. Eines Tages war in Buchenau „Grenzgang", ein Volksfest, das nur alle sieben Jahre stattfand und mit Umzügen, Wanderungen und jeder Menge Besäufnis einherging. Es gab noch drei oder vier weitere Dörfer und kleine Städte im Hinterland, die dieses Fest feierten, aber in Buchenau war es einfach am Schönsten. Ein schwarz geschminkter „Mohr" und zwei jugendliche „Wettkämpfer" liefen gemeinsam mit zwei Axt-tragenden „Sappeuren" und dem gesamten Dorf im Schlepptau die Grenzen der Gemarkung ab und pflegten unterwegs nicht nur allerlei skurrile Bräuche, sondern verteilten auch ordentlich Schnaps. Abends, nach kilometerlangem Marsch, trafen sich alle Bürger im Festzeit, um ihren Alkoholpegel auf dem Laufenden zu halten. Man sagt dem Grenzgang bis heute nach, er habe eine aphrodisierende Wirkung auf die Menschen. Angeblich werden neun Monate danach sogar überdurchschnittlich viele Kinder geboren.

Bei mir jedenfalls hinterließ das Fest seine Spuren. Durch meine Freunde hatte ich schon einige Wochen vorher Andreas kennen gelernt, einen Jungen aus Dautphe, den ich einmal nach einem Tanzabend nach Hause gefahren hatte, weil er ein Bier zu viel getrunken hatte. Auch im Buchenauer Festzelt stieß Andreas wieder zu uns und brachte noch einen weiteren jungen Mann mit. „Das ist mein Bruder, der Hennes", sagte er schlicht. Hennes war ein großer, breitschultriger Typ, der mit seinem dunklem Bart und seiner stämmigen Statur ein bisschen wie ein Südländer aussah. Wir unterhielten uns und waren uns gleich sympathisch. Als wir feststellten, dass wir beide auf Oldies abfuhren, schwärmte Hennes ausgiebig von seinem Tonband der Marke UHER und ich hörte ihm fasziniert zu. Natürlich stellte sich zur damaligen Zeit nicht die Frage, ob ich mir das Tonband live zeigen lassen sollte. Wir verabredeten uns ganz anständig für den Beach Club am nächsten Wochenende, wo ebenfalls Oldies liefen.

Als ich in dieser Nacht nach Hause fuhr, dachte ich über Hennes nach. Für einen Kumpel hatte er am ersten Abend viel zu viel Zeit mit mir verbracht, viel zu tief in meine Augen geblickt und viel zu hintergründig gegrinst. Und ich selber hatte mich genauso verhalten. Da flatterte irgendetwas in meiner Brust, wenn ich an ihn dachte, doch so recht wollte ich das Gefühl nicht an mich heranlassen. An Grenzgang wusste man nie, wer ernste Absichten hatte und schon gleich gar nicht, ob sich derjenige am nächsten Tag überhaupt noch an die Gespräche und Gefühle von gestern erinnerte. Ich einigte mich also mit mir selber auf die Aussicht, vielleicht einen neuen, gut aussehenden Freund gefunden zu haben, der dieselbe Musik hörte und mich gut leiden konnte.

Nach Grenzgang ging es aber genauso weiter, wie es angefangen hatte. Immer wieder stießen Andreas und Hennes zu uns, wenn ich mit meinen beiden Kumpels unterwegs war. Dann passierte es ganz oft, dass Hennes und ich uns von den anderen absonderten und einander erzählten, was uns zurzeit beschäftigte. Er war unglaublich fasziniert davon, dass ich Ju-Jutsu

80

machte und besuchte mich sogar beim Training, um sich live von meiner Schlagkraft zu überzeugen. Es gab immer mehr, worüber wir uns gut unterhalten konnten und wir wurden einander von Mal zu Mal vertrauter. Hennes hatte auch keine Berührungsängste mit mir und fasste mich beim Reden und beim Tanzen ganz normal und ungezwungen an. Das merkte nicht nur ich. Auch die anderen sahen genau, was los war. Einmal nahm mich einer der Jungs beiseite und flüsterte mir zu: „Merkst du das? Der meint's ernst."

Irgendwie wollte ich das gar nicht wahrhaben. Meine Angst, mich bei jemandem fallen zu lassen und am Ende enttäuscht zu werden, war einfach zu groß. Erst ein halbes Jahr später, an Silvester 1985/86 machte es dann Klick. An diesem Tag kam Hennes vom Skifahren heim und hatte unterwegs wohl einen Entschluss gefasst. Jedenfalls lud er mich noch am selben Abend auf eine Party ein. Da fragte er dann mit vollster Überzeugung: „Gunhild, wollen wir beide es miteinander versuchen?"

Auf der einen Seite machte mich das unglaublich glücklich. Auf der anderen hatte ich aber auch Angst davor. Hennes war der Typ Mann, auf den viele Frauen abfuhren. Wenn er sich aus dem weiten Feld an Bewerberinnen nun ausgerechnet mich aussuchte, dann würde darüber unglaublich viel getratscht werden. Allein die Vorstellung, mit ihm zusammen seinen Freunden, den Dorfleuten und unseren Eltern gegenüberzutreten, verursachte ein mittelschweres Bauchgrimmen bei mir. Auf der anderen Seite wünschte ich mir genau das so sehr. Aber es reichte nicht, um überschwänglich und naiv zu werden. Deshalb sagte ich nur: „Überleg dir gut, ob du das wirklich willst! Du könntest jede andere haben. Deine Freunde werden dich darauf ansprechen und blöde

Kommentare machen." Aber er antwortete nur: „Wenn sie das nicht akzeptieren, können sie mir gestohlen bleiben."

Da beschloss ich, diesem Mann einen Teil meines Herzens zu überlassen. Ganz konnte ich mich noch nicht hingeben, dafür war meine Angst vor einer Enttäuschung zu groß. Außerdem wollte ich auch Hennes die Möglichkeit geben, sich im Fall der Fälle ohne viel Aufwand von mir trennen zu können. Insgesamt hielt ich ihn fast ein Jahr lang hin, bis wir wirklich offiziell als Paar in der Öffentlichkeit auftraten. Und als wir es dann tatsächlich taten, waren die Blicke um uns herum gar nicht so ungläubig, wie ich es mir vorgestellt hatte. Die meisten Leute hatten wohl vielmehr darauf gewartet, dass wir endlich ehrlich zu ihnen waren.

Natürlich gab es auch einige Idioten. Da war zum Beispiel eine junge Frau aus dem Dautpher Bekanntenkreis von Hennes. Sie grüßte mich immer freundlich, wenn Hennes dabei war. Aber wenn ich ihr irgendwo allein begegnete, schaute sie in die andere Richtung und tat so, als kenne sie mich nicht. Und da waren auch einige Menschen, denen man genau ansehen konnte, was sie dachten: „Die und der Hennes – ob das mal gut geht?"

Ich glaube, für ein Contergan-Opfer ist es immer eine Versuchung, sich von der Welt zu distanzieren, um nicht noch tausend weitere Male zum Opfer zu werden. Ich kenne diese Versuchung, aber ich habe immer mit all meiner Kraft dagegen angekämpft. Wenn ich vom Charakter her ein Mauerblümchen gewesen wäre, dann hätte das mit Hennes wahrscheinlich nicht funktioniert. Er hat mir immer sehr glaubhaft rübergebracht, dass es ihm auf die inneren Werte ankommt: Meine Leidenschaft für

Oldies, meine Spezialtricks beim Ju-Jutsu und meine Fähigkeit, einem Freund zuzuhören ... ich hätte all das nicht gehabt, wenn ich mich dem Leben nicht gestellt hätte.

7. Kapitel: Knall auf Fall

Im April 1987 feierte ich meinen 25. Geburtstag. An diesem Tag beschlossen Hennes und ich, dass wir uns an Silvester verloben wollten. Obwohl wir damals erst eineinhalb Jahre zusammen waren, waren wir ganz sicher, dass wir das Richtige taten. Länger zu warten hätte nichts mehr geändert. Nun brauchten wir nur noch einen Termin und einen Saal für die Hochzeit. Damals kegelte Hennes noch auf der Anlage im Friedensdorfer Bürgerhaus. Das Bürgerhaus selbst war groß genug und wir hatten dort schon so manchen netten Abend verbracht. Also gingen wir beide gleich am nächsten Tag zum Pächter und ließen uns einen Termin geben. Der 4. Juni 1988 war noch frei. „Okay, den nehmen wir", grinsten wir uns an und fuhren aufgeregt wieder heim. Natürlich teilten wir gleich unseren Familien und all unseren Freunden den Termin für das große Ereignis mit und stürzten uns in die Hochzeitsvorbereitungen. Mitten in all dem Trubel stellte ich fest, dass es vielleicht ein kleines Problem mit dem 4. Juni 1988 geben konnte. Der Frauenarzt bestätigte mir das: Ich war schwanger. Unser Kind sollte Ende Mai zur Welt kommen.

Die Gefühle, die mich bei dieser Nachricht überwältigten, waren kaum in Worte zu fassen. Natürlich freute ich mich wahnsinnig darüber, dass Hennes und ich ein gemeinsames Kind bekommen sollten. Gleichzeitig aber begann mich die Angst vor dem Unbekannten innerlich aufzufressen: Was, wenn die Contergan-Schädigung Auswirkungen auf das Ungeborene hatte? Was, wenn ich es überhaupt nicht austragen konnte? Die ersten Ultraschall-Untersuchungen schürten meine Angst nur noch mehr: Obwohl schon länger klar war, dass meine Nieren an einer falschen Stelle im Körper lagen, wurde mir erst jetzt so richtig bewusst, was das bedeutete: Die beiden wichtigen Organe befanden sich direkt im Becken, wo in den kommenden Monaten mein Kind heranwachsen sollte. Es bestand also die Möglichkeit, dass das Baby sie quetschte oder etwas anderes Unvorhergesehenes passierte. Der Arzt versuchte, mich zu beruhigen. „Dann muss das Kind eben etwas früher kommen", sagte er. „Sie sollten keine Wehen haben, damit die Nieren nicht in Mitleidenschaft gezogen werden. In der Schwangerschaft wird Ihr Körper eine Möglichkeit finden, die Organe um die Gebärmutter herum zu verlagern."

Das sagte er so leicht. In guten Momenten glaubte ich ihm auch. Aber meistens überwiegten die anderen Momente. Die, in denen meine Angst vor einem toten oder geschädigten Kind sich zur Panik steigerte. Dagegen war die Furcht vor einer Nierenkolik relativ nebensächlich. Der ungünstige Hochzeitstermin war nun gar nicht mehr so wichtig. Wir ließen ihn einfach bestehen und beschlossen, dass man die Feier notfalls eben absagen müsse.

Nun änderte sich mein Leben gewaltig. Meine Schwangerschaft galt als Risiko-Schwangerschaft, deshalb wurde ich viel stärker kontrolliert und reglementiert als andere Frauen. Zum Ju-Jutsu-Training durfte ich wegen der Verletzungsgefahr nicht mehr gehen. In der Arbeit packten mich alle mit Samthandschuhen an. Der geplante Mutterschutz sollte schon 12 Wochen vor der Entbindung losgehen. Und jede Woche hatte ich einen Kontrolltermin beim Frauenarzt. Vor jedem dieser Termine graute mir und je weiter die Schwangerschaft fortschritt, desto schlechter konnte ich nachts schlafen. Am Ende war ich mir sicher: Dieses Kind hat ein Problem, irgendwas ist da! Der Arzt machte dann immer einen Ultraschall und sagte: „Ich kann alles sehen, was ich sehen muss: Das Kind hat Arme, Beine und sämtliche Organe. Da ist nichts!"

Sogar seine Mutmaßung, mein Körper würde sich schon um eine Rückzugsmöglichkeit für die deplatzierten Nieren kümmern, bestätigte sich: Eine davon wanderte im Laufe der Schwangerschaft ein Stück nach oben und machte dadurch dem Kind Platz. Trotzdem wuchs meine Angst weiter. Die dunklen Gedanken ließen mich nicht mehr los, egal wie oft ich das Gegenteil bestätigt bekam. Immerhin gab es auch Behinderungen, die man im Ultraschall nicht erkennen konnte.

Auch Hennes konnte mir in dieser Zeit nicht helfen. Er hatte einfach eine völlig andere Denkweise als ich – nämlich die eines nicht-behinderten Mannes. Für ihn war die Sache sonnenklar: Der Arzt sagte, es sei nichts. Also war auch nichts. Er konnte nicht verstehen, weshalb ich so pessimistisch war. Doch für mich als Erstgebärende, als Contergan-Opfer und Frau war die Sache um ein Vielfaches schwieriger.

Gleichzeitig arbeiteten wir fieberhaft daran, unserer neuen, kleinen Familie ein Heim zu schaffen. Ich wollte nicht bei meinen Eltern oder den Schwiegereltern im Haus leben, sondern etwas Eigenes haben, nur für uns. Mein Bruder Friedhelm hatte vor einigen Jahren auf dem Grundstück unseres ehemaligen Gemüsegartens ein zweistöckiges Haus gebaut, das nun, nach seiner Scheidung, leer stand. Das sollte von jetzt an unser Zuhause werden. Alle halfen mit, die Innenräume zu renovieren und die Dachwohnung auszubauen: mein Vater, Petter Kurt, die Familie von Hennes und der Mann meiner

Schwester. Im September 1987 konnten wir dann einziehen und genossen die paar Tage zu zweit. Wir wussten ja, dass sich die wunderbare Ruhe um uns herum sehr bald ins Gegenteil verwandeln würde.

Schon nach den ersten paar Tagen im neuen Heim gab es einen Zwischenfall. Durch die Contergan-Schädigung hatte ich einen Unterbiss, der manchmal dazu führte, dass sich nach einem herzhaften Gähnen oder Lachen mein Kiefer ausrenkte. Für mich selbst bedeutete das immer schlimme Schmerzen. Andere Menschen konnten aber erfahrungsgemäß überhaupt nichts damit anfangen, wenn ich plötzlich mit offenem Mund und laut stöhnend auf sie zukam. Die meisten dachten dann, ich wollte sie veräppeln. Damit Hennes auf eine solche Situation vorbereitet war, erzählte ich ihm kurz nach unserem Einzug von dem Problem und zeigte ihm, wie er mir im Notfall helfen konnte. Durch einen speziellen Griff war es nämlich möglich, mein Kiefer nach vorn zu schieben und damit wieder einzurenken. Hennes hörte sich das alles an und sagte dann: „Das passiert eh' nicht."

Nur wenige Stunden später passierte es eben doch. Wir saßen gemeinsam vor dem Fernseher, als ich gähnen musste und mein Kiefer sich mit einem lauten Knack verabschiedete. Sofort durchfuhr mich ein höllischer Schmerz. Ich sprang auf und rannte mit offenem Mund hinüber zu Hennes. „Hilf mir!", wollte ich sagen, aber es kam nur ein hilfloses Krächzen heraus.

Hennes war schon fast eingeschlafen und von der Situation restlos überfordert. Halb dachte er ich würde ihn veräppeln, halb ahnte er, dass die Situation ernst war. Weil aber alles so schnell und dramatisch über ihn hereinbrach, wusste er sich nicht anders zu helfen und gab mir eine mittelstarke Ohrfeige. Das hatte dieselbe Wirkung wie der therapeutische Griff ins Kiefer. Es machte noch einmal „Knack" und alles war wieder in Ordnung.

Welches Geschlecht unser Kind hatte, war noch nicht klar. Inzwischen gab es aber schon zwei mögliche Namen: „Laura", für ein Mädchen und „Nico" für einen Jungen.

Relativ kurz vor der geplanten Entbindung wurde dann die Namensfrage wieder völlig auf den Kopf gestellt. Wir trafen uns abends mit Freunden von Hennes in einer Kneipe in Dautphe. Dabei wurde es ziemlich spät und einige Leute begannen, an der Theke herumzuflachsen und über unser zukünftiges Kind zu philosophieren., „Na, wie soll's denn heißen?", fragte jemand.

„Wenn's ein Junge wird, dann heißt er Nico", verriet Hennes.

„Ha, so heißt mein Hund!", grölte der andere.

In diesem Moment war der Name Nico für mich gestorben.

„Und wenn's ein Mädchen wird?", fragte jemand.

„Dann heißt es Laura."

Wieder brachen die anderen in schallendes Gelächter aus. Dazu muss man wissen, dass sich „Laura Kornja" ein klein wenig so anhört, als wenn jemand auf Hinterländer Platt sagt: „Lauter Cognac!"

Unsere angetrunkenen Freunde witzelten noch eine Weile so weiter und schlossen Wetten auf das Geschlecht des Kindes ab. Aber mir drehte sich der Magen um. Ich konnte nur noch hoffen, dass ich ein Mädchen bekommen würde und dass die nächste Generation so wenig Platt sprach, dass keiner auf den Cognac-Spitznamen kam. Ansonsten bliebe unser

Kind namenlos. Denn alternative Vorschläge waren weit und breit nicht in Sicht.

Vor der Geburt und unserer kirchlichen Hochzeit stand noch die standesamtliche Trauung an. Dafür kaufte ich mir ein schlichtes aber edles rotes Kleid mit roten Strümpfen und bestellte einen Brautstrauß mit roten Rosen und weißem Schleierkraut. Hennes machte wesentlich weniger Aufwand. Er kam in Jeans und Lederjacke, zog sich aber immerhin eine Krawatte an.

Die Trauung war für mich eine sehr lustige Erfahrung, denn immerhin wurden wir an meinem Arbeitsplatz von meinem Arbeitskollegen Hermann verheiratet. Er sagte dann auch gleich als Einleitung: „Da du, liebe Gunhild, ja schon oftmals an meiner Stelle gesessen hast und jungen Ehepaaren die ersten Worte mit auf den gemeinsamen Lebensweg gegeben hast, habe ich große Zuversicht, dass du in deiner eigenen Ehe auch diese Vorsätze zugrunde legst." Er sagte das mit einem Lächeln und auch ich selbst konnte mir ein leichtes Dauergrinsen nicht verkneifen. Selbst beim Höhepunkt, als wir einander das Jawort gaben, stellte sich bei mir keine großartige Rührseligkeit ein. Dafür war so eine standesamtliche Hochzeit für mich viel zu sehr Routine. Es hätte nicht viel gefehlt und ich hätte anstelle meines Kollegen selbst das Abschlusswort ergriffen, das ich so gut auswendig konnte: „Nachdem Ihr von mir als dem zuständigen Standesbeamten und in Gegenwart eurer beiden Zeugen den Willen bekundet habt, die Ehe miteinander eingehen zu wollen, seid ihr nunmehr Kraft Gesetzes rechtmäßig verbundene Eheleute."

Prima. Dann konnten wir jetzt zum Sektempfang übergehen, worauf meine anderen Arbeitskollegen schon dringend warteten.

Mitte April, kurz vor meinem nächsten Geburtstag, beschloss dann der Gynäkologe bei einer Untersuchung: „Wir sollten nicht das Risiko eingehen, dass Sie demnächst Vorwehen bekommen. Gehen Sie schon mal ins Krankenhaus und lassen die Lungenreife des Kindes testen. Wenn das positiv verläuft, könnte man es nun holen."
Das war also der Startschuss. Ich rief Hennes in der Arbeit an und erzählte ihm, dass ich unterwegs ins Krankenhaus war. „Warte, ich fahre dich!", rief er ins Telefon. Aber ich sagte ihm, dass das nicht nötig war. Er konnte ohnehin nichts helfen und so ein paar Untersuchungen würde ich auch alleine aushalten. „Spar dir deinen Urlaub für später!", sagte ich. Also fuhr ich mit dem Taxi in die Klinik. Ich weiß noch, dass draußen hochsommerliche Temperaturen herrschten und alle Menschen in T-Shirts und kurzen Hosen herumliefen. Was das betraf, war ich ziemlich froh, nur sieben Kilo zugenommen zu haben. Ich habe immer Mitleid mit Frauen, die sich bei 30 Grad Außentemperatur mit 25 Kilo Mehrgepäck dahin-schleppen. Mir sah man die Schwangerschaft auf den ersten Blick gar nicht an.
So kam es dann auch, dass im Krankenhaus niemand besondere Rücksicht auf mich nahm. Vor der Anmeldung stand eine Riesenschlange, in die ich mich brav einreihte, da ich ja weder Schmerzen hatte noch sonst unter Zeitdruck stand. Als ich dann dran war, zeigte ich auf meinen Bauch und sagte: „Entbindung!"

Vielleicht hätte ich mich etwas anders ausdrücken sollen. Die Frau an der Rezeption bekam große Augen und rief: „Hilfe, dann rufe ich gleich im Kreißsaal an!" Und so wurde ich in Nullkommanix per Rollstuhl in die Gynäkologie verfrachtet, obwohl ich doch nur für eine Untersuchung gekommen war.

Am ersten Tag wurde gleich der erste Test gemacht. Das Ergebnis lautete: noch Abwarten. Am zweiten Tag, Freitag dem 22. April, rief ich dann Hennes an und verkündete: „Wir sind alle soweit. Ich werde für den Kreißsaal fertiggemacht. Du kannst kommen!"

Damals war es zwar schon üblich, dass Väter bei der Geburt ihres Kindes dabei sind. Aber in unserem Fall wollten die Ärzte das nicht. Ich bekam ja einen Kaiserschnitt mit Vollnarkose und man war sich nicht sicher, mit welchen Komplikationen bei der Öffnung meines Bauchraums zu rechnen war. Hennes durfte also nicht mit in den Kreißsaal. Sobald das Kind da war, sollte er wieder dabei sein, vertröstete man ihn. Er sah sehr traurig aus, wie er da im Warteraum saß und sich von mir trennen musste.

Am Ende hat aber Hennes unsere Laura zuerst gesehen. Das kleine Mädchen wurde um 11.35 Uhr geboren. Ich selbst habe davon leider überhaupt nichts mitbekommen. Als ich nach der OP im Aufwachraum die Augen aufschlug, saß da mein Mann neben mir, strahlte wie ein Maikäfer und jubelte: „Unser Kind ist gesund. Wir haben ein Mädchen!"

Da war für mich die Welt in Ordnung. Nun wusste ich, dass ich mir neun Monate lang umsonst das Leben schwer gemacht hatte. Ich sagte „wunderbar!", machte die Augen wieder zu und schlief selig noch einige Stunden weiter. Erst abends war ich dann wach genug, um meine Tochter zu sehen. Die Schwester brachte mir ein Bündel mit einem dunklen

Haarbüschel und einem überraschend rosigen Gesicht. An dem kleinen Ärmchen war ein Band befestigt, auf dem stand: „Laura Kornja, 2225 g, 46 cm". Sie sah unglaublich friedlich und schön aus. Ich konnte aber nicht umhin, sie auszupacken und von oben bis unten auf Unversehrtheit zu überprüfen. Es war alles dran, wie der Arzt gesagt hatte und wie Hennes mir bestätigt hatte. Die Contergan-Tragödie ging nicht in die zweite Generation. Nun endlich glaubte das auch ich.

Meine Schwester Gudrun hatte Hennes schon vor einigen Wochen beiseite genommen und ihn über ein Frauenproblem informiert, das in unserer Familie scheinbar sehr ausgeprägt ist: „Wenn die Gunhild das Kind hat und du besuchst sie und sie fängt an zu weinen, dann liegt das nicht an dir!", hatte sie gesagt. Hennes hatte das natürlich an mich weiter getragen und ich hatte lauthals darüber gelacht. „Wenn ich ein gesundes Kind zur Welt bringe, dann gibt es nichts mehr zu weinen!", war meine Überzeugung gewesen.
Leider sollte Gudrun mit ihrer Prophezeiung Recht behalten. Hennes kam einen Tag nach der Geburt und fand mich vollkommen aufgelöst vor. Ich wusste überhaupt nicht, wie mir geschah. Ich heulte Rotz und Wasser, obwohl ich überhaupt keinen Grund dafür hatte. Alles, aber auch alles, was um mich herum geschah, löste die Tränen wie Sturzbäche aus. Zum Glück war Hennes von Gudrun darauf vorbereitet worden. Er sah mich an, lächelte und zitierte meine eigene Aussage: „...dann gibt es nichts mehr zu weinen, gelle?"
Da heulte ich nur umso mehr.

Ich glaube, es gibt nichts Schlimmeres für eine Frau, als auf so einer Wochenbettdepression hängen zu bleiben. Bei mir hörte es zum Glück nach drei Tagen wieder auf. Danach durfte ich endlich mit dem Kind nach Hause. Hennes hatte sich extra Urlaub genommen, um ja nichts zu verpassen. Das war auch gut so, denn es gab jede Menge für uns zu tun: Das Kinderzimmer stand noch komplett leer. Ich hatte keine Wickelkommode, kein Bett und keine saubere Kleidung. Das lag an der quälenden Angst, die ich während der gesamten Schwangerschaft gehabt hatte. Wenn man nicht weiß, ob ein Kind lebendig und gesund zur Welt kommen wird, sollte man das Kinderzimmer nicht ausstaffieren, hatte ich beschlossen. Ich war da ein bisschen abergläubisch und machte lieber nichts. Vom Krankenhaus aus hatte ich dann Gudrun angerufen und sie gebeten, wenigstens die Erstausstattung zu waschen, damit wir etwas zum Anziehen hatten. Sie spendete uns auch noch die Wiege und den Wickeltisch ihrer eigenen beiden Kinder Kai und Sabrina, die mittlerweile schon acht und drei Jahre alt waren. Von meiner Großcousine bekamen wir noch einen Kinderwagen und damit waren wir fürs Erste bedient.

Nachts hatte Laura alle zwei Stunden Hunger. Wir machten also Nachtschicht: Hennes war bis Mitternacht zuständig für Wickeln und Füttern, ich übernahm den Dienst nach Mitternacht. Auf die Art bekam Hennes genug Schlaf, um am nächsten Tag zu arbeiten und ich musste auch nicht rund um die Uhr Verantwortung übernehmen. Das ging fast ein halbes Jahr so. Tagsüber ließ mich die Kleine auch mal vier Stunden am Stück schlafen, was sich für eine junge Mutter wie ein Lottogewinn anfühlt.

Laura war sechs Wochen alt, als unser Hochzeitstermin vor der Tür stand. Ein paar Tage vorher fragte mich Gudrun: „Sag mal, hast du eigentlich ein Hochzeitskleid?"

„Ups", sagte ich, „nein!"

Vor Lauras Geburt hatte ich wegen des Babybauchs keines kaufen können. Und danach musste ich erstmal mit dem Kind zurechtkommen. Die Hochzeit war so zweitrangig geworden, dass ich das Wichtigste daran beinahe vergessen hätte. Also gingen Gudrun und ich auf Brautmoden-Schau, aber wir fanden nichts Passendes. Unsere letzte Anlaufstelle war der C&A in Siegen. Dort gab es zwar auch kein Brautkleid, das mir gefiel, aber dafür ein wunderschönes weißes Partykleid mit vielen Rüschen. Damals waren solche Kleider gerade in – man sah darin aus wie eine Komparsin aus den „Dornenvögeln" oder „Vom Winde verweht".

„Das wird jetzt genommen, für die paar Stunden schickt's", beschloss ich und bezahlte 150 Mark dafür. Die Schwiegermutter meiner Schwester war Schneiderin und änderte das Kleid noch ein wenig für mich um. Laura bekam noch ein geliehenes Taufkleid von meiner Nachbarin Anita mit einer rosa Schleife dazu.

Dann kam der große Tag. Unsere kirchliche Trauung fand in Dautphe statt und das aus zwei Gründen: Erstens war es das Heimatdorf von Hennes. Zweitens hatte sich der dortige Pfarrer problemlos bereit erklärt, uns zu verheiraten. Wir hatten von anderen Kirchengemeinden gehört, dass gewisse Priester Paare nicht trauten, wenn sie bereits ein Kind hatten. Eine Abfuhr wollten wir uns nicht holen und der Dautpher Pfarrer Debus sagte sofort: „Ich traue euch ... aber nur mit Taufe!" Dazu grinste er. Wir hatten dagegen natürlich nichts einzuwenden, da wir Laura ohnehin hätten taufen lassen.

An diesem 4. Juni 1988 wurden viele Tränen vergossen. Auf unserem analog gedrehten Hochzeitsfilm von damals kann man durch das VHS-typische Flimmern und Rauschen immer noch sehen, wie viele Leute sich die Augen mit Taschentüchern abwischen. Die Schwester meines Opas sagte noch Jahre später: „Doas woar so schieh, ich hu nur geheult."

Im letzten Moment hatte ich mir noch dieselbe rosa Schleife ans Brautkleid nähen lassen, die auch Laura an ihrem Taufkleid trug. Hennes hatte einen sehr schicken cremefarbenen Anzug an, über den einige ältere Leute den Kopf schüttelten. Als er das mitbekam, sagte er nur: „Ich bin doch hier nicht auf einer Beerdigung!"

Meine Trauzeugin war meine Berufsschul-Freundin Gabi. Hennes hatte seinen großen Bruder Helmut ausgewählt. Während der gesamten Zeremonie hatten wir Laura bei uns vorne am Altar. Sie war ja erst sechs Wochen alt und fühlte sich bei Mama und Papa einfach am wohlsten. Hennes und ich hielten sie immer abwechselnd. Nur als wir uns die Ringe ansteckten, übernahm Gabi kurz das Kind.

Der Gottesdienst war sehr feierlich und emotional. Ich bin nicht der Typ, der auf seiner eigenen Hochzeit in Tränen ausbricht. Aber in manchen Momenten hatte ich definitiv einen hochroten Kopf. Ansonsten strahlte ich einfach über das ganze Gesicht. Wenn ich zu meinem frischgebackenen Mann und meiner gesunden kleinen Tochter hinüberschielte, überkam mich ein unbeschreiblich glückliches Gefühl, vermischt mit einer Prise Stolz. Ich hatte alles erreicht, was ich haben wollte. Nun musste ich es nur noch behalten.

Direkt nach unserer Trauung folgte Lauras Taufe. Weil wir uns nicht einigen konnten, ob der Pate aus dem Familien- oder Freundeskreis stammen sollte, nahmen wir einfach von jeder Seite zwei. So bekam Laura insgesamt vier Taufpaten: mein Bruder Friedhelm und meine Ju-Jutsu-Freundin Hanne, Hennes' Schwester Ingrid und sein Freund Reiner. Sie hat bis heute zu allen Vieren einen guten Kontakt.

Nach der Kirche folgte zu lautem Glockengeläute das ewige Händeschütteln, bei dem mich wieder die Hälfte aller Gratulanten am Arm anpackte. Aber selbst das konnte mir an diesem Tag nicht die Laune verderben. Danach zogen alle 120 Gäste ein Dorf weiter ins Bürgerhaus von Friedensdorf und feierten bis spät in die Nacht hinein. Hennes und ich tanzten stundenlang den einzigen Rhythmus, den wir konnten, die Burschenschaft sang uns das traditionelle „Ehestandslied" und selbst die älteren Gäste ließen es sich nicht nehmen, auf südländische Art einen Tanzkreis zu bilden, in dessen Mitte ein Auserwählter vortanzen musste. „Der Hennes war schon ein Lebemann", hörte ich eine Oma aus dem Dorf sagen. „Zuerst dachte ich ja, das klappt nicht mit den beiden. Aber da lag ich wohl falsch."

Wir tanzten bis fünf Uhr morgens. Dann fielen wir wie zwei Steine in unser hochoffizielles Ehebett.

*Unsere standesamtliche Hochzeit mit den Trauzeugen
Helmut und Gabi.*

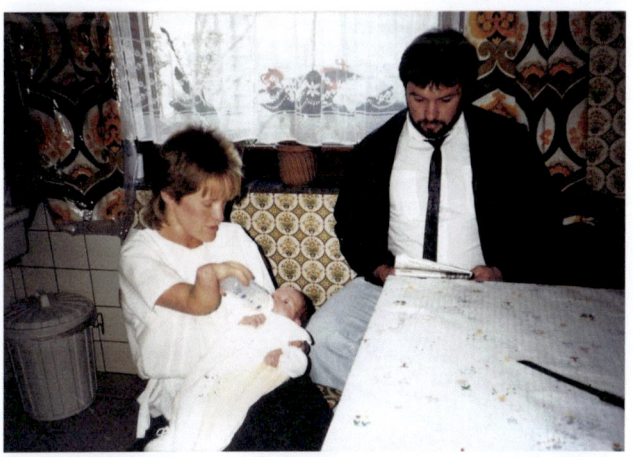

*Als Säugling konnte ich Laura problemlos festhalten,
baden und mit der Flasche füttern. Das änderte sich
leider sehr bald.*

*Mit Partykleid und hellem Anzug waren Hennes und
ich ein eher ungewöhnliches Hochzeitspaar.*

Bild: iwm-fotografie

Laura war ein zuckersüßes, aber sehr anstrengendes Kind. Sie tobte von früh bis spät herum.

Zusammen mit Papa und dem gelben Bär machte sie die Welt unsicher.

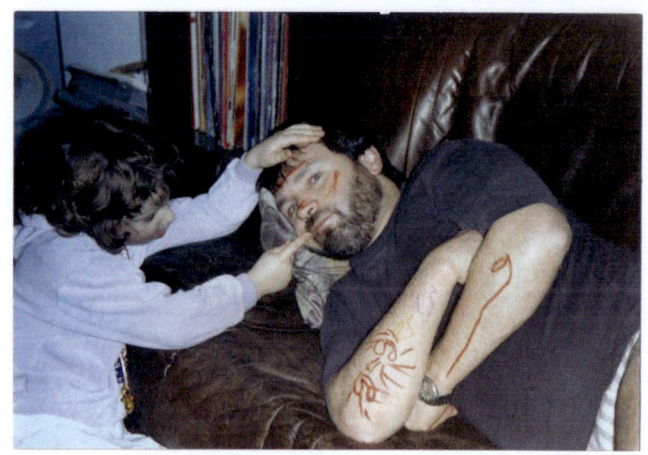

*Vor Laura war nichts sicher – nicht einmal Hennes,
den sie im Schlaf mit Filzstiften anmalte.*

*Meine Eltern als Oma und Opa. Die Aufnahme
entstand kurz vor dem Schlaganfall meiner Mutter.*

Laura als Erwachsene – immer noch chaotisch und lebhaft, aber auch stark und witzig. Mit ihr verbindet mich seit jeher ein sehr inniges Mutter-Tochter-Verhältnis.

8. Kapitel:
Noch ein besonderes Kind

Laura entwickelte sich zu einem außergewöhnlich lebhaften Kind. Von dem Tag an, als sie sich drehend und robbend vorwärts bewegen konnte, war nichts mehr vor ihr sicher. Sie zog an jeder Tischdecke, räumte Schränke und Schubladen aus und schob sich ihre Beute sofort in den Mund. Kaum dass sie stehen konnte, steckte sie die Finger zwischen Fensterscheiben und patschte mit den Händen auf die heiße Herdplatte.

Auf dem Wickeltisch traute ich mich sie nicht mehr zu wickeln. Seit sie der Hebamme einmal aus der Wiege geschaukelt war – zum Glück direkt in Hennes' Arme – hatte ich einfach Angst, dass ich sie im Notfall nicht würde fangen können. Also wechselte ich die Windeln auf dem Boden. Auch das Baden fand nun einen Meter tiefer statt. Als Säugling hatte ich Laura einfach im Waschbecken des Badezimmers gebadet. Das war hoch genug, dass ich sie halten und dabei mit geradem Rücken stehen konnte. Mit einem halben Jahr war sie zu quirlig und zu schwer dafür geworden. Also zog sie in die Badewanne um, wobei ich meist damit wartete, bis Hennes nach Hause kam und sie mit seinen kräftigen Armen festhielt. Die Hebamme hatte uns nämlich einen öligen Badezusatz gegen Lauras Windeldermatitis gegeben, der sie so glitschig machte wie einen Fisch. Das war mir allein zu gefährlich.

Meine Mutter sagte immer zu mir: „Wenn du Hilfe brauchst, ruf mich an!" Sie wohnte ja nur hundert Meter weiter auf der anderen Straßenseite. Aber ich nahm das Angebot nur wahr, wenn Hennes in der Arbeit war und ich ein ernstzunehmendes Problem hatte. Meine Mutter kam auch niemals zu uns, ohne sich vorher anzukündigen. Das rechnete ich ihr hoch an. „Ich weiß sehr gut, wie es ist, keine Privatsphäre zu haben", sagte sie mir einmal. „Das will ich dir nicht zumuten."

Prinzipiell wuchs Laura genauso auf wie andere Kinder auch. Nur dass sie manche Dinge früher lernen musste als ihre Kindergartenfreunde. Dazu gehörten zum Beispiel das Sauberwerden und das selbstständige Anziehen. Für mich war einfach wichtig, dass ich mich nicht ständig im Rücken krümmen und verbiegen musste, um meiner Tochter eine Windel oder Strumpfhose anzuziehen. Letztere saß nach langem Ziehen und Zerren durch Laura am Ende manchmal verkehrt herum. Aber ich hatte kein Problem damit, sie auch so in den Kindergarten zu schicken. Im Gegenteil: Ich war stolz auf meine Tochter, die schon mit eineinhalb Jahren sauber war und sich mit drei komplett an- und ausziehen konnte. Mit viereinhalb konnte sie außerdem schwimmen.

Laura war auch von Anfang an klar, dass ich es nicht schaffte, sie mehrere Minuten lang zu tragen. Sie musste einfach lernen, zu laufen oder im Buggy zu sitzen. Wir hatten den Kinderwagen deshalb über mehrere Jahre ständig im Gepäck.

Den ersten großen Schock versetzte mir meine Tochter an einem lauen Sommerabend im Jahr 1989. Damals war sie gerade eben eineinhalb Jahre alt. Hennes war beim Fußballtraining und meine Mutter und ich freuten uns auf einen gemeinsamen schönen Abend bei mir. Ich hatte Laura schon zu Bett gebracht und wollte mich eben zu meiner Mutter auf den Balkon setzen, als das Telefon klingelte. Es war unsere Nachbarin Tante Ruthchen, die ziemlich aufgeregt fragte: „Wisst ihr eigentlich, wo die Laura ist?"

„Na, im Bett!", sagte ich, aber mir schwante schon Böses.

„Nein, sie läuft gerade bei uns am Haus vorbei!"

Das Mädchen war völlig geräuschlos aus seinem Gitterbett geklettert und irgendwie aus dem Haus hinausgekommen. Als ich sie später fragte, wie sie das gemacht habe, bekam ich als Antwort eine sehr überzeugende Praxis-Vorführung: Sie setzte sich mit dem Po auf die oberste Treppenstufe und ließ sich dann Stufe für Stufe hinunterrutschen. An der Haustür erwischte sie den Griff und ging nach draußen, um eine Runde durch Allendorf zu spazieren. Sie lief mitten auf der Straße mit ihrem gelben Stoffteddy im Arm. Natürlich rannten meine Mutter und ich wie zwei Furien nach draußen und schrieen aus Leibeskräften nach ihr. Als sie uns sah, quietschte Laura vor Spaß und rannte noch ein paar Meter weiter, bevor sie sich einfangen ließ. Für sie war das alles ein großes Abenteuer.

Von dem Tag an waren bei uns sämtliche Türklinken um 90 Grad nach oben verstellt, so dass sie eine ganze Weile wachsen musste, um sie mit der Hand greifen zu können.

Der nächste Schock kam zwei Jahre später: Wir waren im Dautpher Freibad und übten schon fleißig schwimmen. Allerdings war Laura zu dem Zeitpunkt noch mit Schwimmflügeln unterwegs, die ich ihr wohlweißlich nie abnahm. Sie war so quirlig und schnell, dass es an Fahrlässigkeit gegrenzt hätte, auch nur einen Moment auf den Schutz zu verzichten.

Nach einer fröhlichen Plansch-Runde kam sie aus dem Wasser und wollte sich ein Eis kaufen.

„Okay", sagte ich. „Hier hast du Geld. Geh zum Kiosk und kauf es dir selber."

Das Dautpher Bad war gut überschaubar, so dass ich Laura gerne mal allein an das Kiosk schickte. Ich fand, dass sie dadurch selbstständiger wurde und neben dem Eis auch ein Erfolgserlebnis mitnahm. Außerdem hatte sie ja Schwimmflügel an. Ich beobachtete meine kleine Tochter, wie sie über die Liegewiese, am Becken vorbei, zu dem Verkaufsraum ging und darin verschwand. Wahrscheinlich war ich einen kurzen Moment unaufmerksam. Jedenfalls fragte ich mich nach fünf Minuten, wo sie blieb, denn ich hatte sie das Kiosk nicht mehr verlassen sehen.

Als zwei weitere Minuten vergingen, ohne dass sie auftauchte, wurde ich unruhig und stand auf. Ich ging zum Kiosk, aber da war sie nicht. Nun bekam ich schon einen Anflug von Panik.

„Lauraaaa, wo bist du?" schrie ich quer über die Anlage.

Von irgendwoher kam als Antwort ein leises „Hier oooooben!"

Ich blickte auf und mir blieb fast das Herz stehen. Da stand meine Tochter breitbeinig mit dem Eis in der Hand auf dem Drei-Meter-Sprungbrett und lutschte noch die letzten Bröckchen vom Stiel, bevor sie loslegen wollte.

„Ich will jetzt bingen", verkündete sie.

„Nein!", schrie ich. „Das kannst du nicht!"

„Doch, doch, doch", quengelte sie mit diesem beleidigten Tonfall, der ihren Entschluss noch zu festigen schien.

Zum Glück erschien in dem Moment der Bademeister. „Gunhild, unterhalte sie weiter", sagte er. „Ich hole sie runter."

Ich diskutierte also schweißgebadet noch 30 lange Sekunden mit meiner lebensmüden Tochter. Dann hatte der Bademeister den Turm erklommen und schnappte sich Laura, die sein Kommen nicht bemerkt hatte. Was schrie und tobte sie da! Das ganze Bad bekam zu hören, wie entrüstet sie über ihr verpatztes Erlebnis war. „Und ich kann das doch!" brüllte sie, während der Bademeister sie zappelnd und tretend vom Sprungbrett hinab bugsierte.

In diesem Stil ging es mit dem Kind noch mehrere Jahre weiter. Als wir unser Haus verputzten, kletterte sie auf dem Gerüst bis ganz nach oben und musste von Hennes gerettet werden. Beim Rolltreppe-Fahren im Kaufhaus fuhr sie in die falsche Richtung und wurde erst eine halbe Stunde später von einem Suchtrupp gefunden. Sie machte auch Schaufensterpuppen nackig, versteckte sich unter Kleiderständern und brachte so manchen Kellner zum Jonglieren von Suppenschüsseln und Bierkrügen. Was auch immer man ihr morgens anzog, war am Abend verdreckt und verkleckert. Kurzum: Laura war ein zuckersüßes aber auch wahnsinnig anstrengendes Kind. Im Umgang mit ihr und den vielen kleinen peinlichen Situationen, in die sie mich brachte, orientierte ich mich immer an meiner Mutter. Auch sie hatte mit mir ein besonderes Kind aufgezogen, eines das anders, auffällig und sehr originell gewesen war. All dem war sie immer mit Strenge und Nachsichtigkeit gleichzeitig begegnet. Ersteres, um meinem Leben eine Richtung zu geben und letzteres, um mir Selbstbewusstsein zu vermitteln.

Das Gleiche tat ich nun mit Laura. Ich lernte, loszulassen. Die Momente, in denen sie auf einem Klettergerüst am Spielplatz unterwegs war, stellten mich immer auf eine harte Probe. Ich wusste genau, dass auch gesunde Frauen um ihre Kinder bangten, wenn sie in nicht-greifbarer Höhe dahinschwankten. Aber für mich, die ein stürzendes 25-Kilo-Menschlein nie im Leben würde auffangen können, war es noch schlimmer. Ich lernte auch, Verantwortung abzugeben. Wenn Hennes oder eine andere Person dabei waren, sagte ich nun auch mal: „Mach du das bitte mit Laura." Denn es ist etwas völlig anderes, sich selbst in Gefahr zu bringen, um es der nicht-behinderten Menschheit gleichzutun, als dabei die Gesundheit der Tochter aufs Spiel zu setzen.

Laura stand morgens um sechs Uhr auf und fing an zu rennen und zu hüpfen. Das tat sie nonstop bis sieben Uhr abends. Danach fiel sie ins Koma und schlief wie ein Stein bis zum nächsten Morgen. Als sie älter wurde, ließen wir sie auf ADHS testen, aber das Ergebnis war eher unbefriedigend: Sie befand sich genau an der Grenze zum Zappelphilipp, was bedeutete, das sie weder spezielle Fördermaßnahmen erhielt noch wirklich unbelastet war. Wir lernten einfach, mit der Besonderheit unserer Tochter zu leben. Und je älter sie wurde, desto mehr verwandelte sich ihre Sprunghaftigkeit in Persönlichkeit. Heute ist sie immer noch chaotisch und impulsiv, aber auch wunderbar kreativ und geistreich.

Bei anderen Menschen war Laura trotz ihres Gezappels immer sehr beliebt. Was sie an Sitzfleisch und Artigkeit nicht mitbrachte, machte sie durch ihren Charme einfach wieder wett. Nur ein einziges Mal hatte ich wirklich an einer Ablehnung zu knabbern. Damals war ein Besuch bei Hennes' Tante in Österreich geplant, auf den wir uns alle schon sehr freuten. Eine Woche vorher kam die Schwägerin dieser Tante zu Besuch ins Hinterland, wo sie neben anderen Verwandten auch uns traf. Sie erlebte Laura an diesem Tag von ihrer allerbesten Seite: Rennen, Kleckern, Runterwerfen, Dreckigmachen, Laut sein – das Mädchen zeigte sein ganzes Repertoire an Ruhelosigkeiten.

Nach diesem Besuch muss die Tante wohl mit ihrer Schwägerin geredet haben. Jedenfalls gab es danach ein Telefongespräch, indem sie mir mitteilte, dass aus dem Besuch nichts werden würde. „Tut mir leid, ich muss in der Zeit doch arbeiten", sagte sie, aber ich wusste genau, dass das nicht stimmte. Jahre später gab sie dann zu, dass sie wirklich wegen Laura abgesagt hatte. „Das hättest du mir damals auch direkt sagen können", sagte ich ihr. Doch sie antwortete, dazu hätte ihr der Mut gefehlt.

Laura war etwa fünf Jahre alt, als etwas passierte, das die allgemeine Aufmerksamkeit auf jemand anderen richtete: An einem Nachmittag im Frühling stand meine Mutter auf der Treppe in ihrem Haus und fiel plötzlich wie ein Sack in sich zusammen. Sie hatte nie zuvor Anzeichen auf einen Schlaganfall verspürt. Und nun, da er kam, hatte sie nicht einmal mehr die Gelegenheit, sich hinzusetzen oder abzustützen. Ohnmächtig polterte sie die gesamte Treppe hinunter und zog sich dabei einen Schädelbasisbruch und mehrere Verletzungen im Gehirn zu. Das Kathrinchen fand sie in diesem Zustand und rief erst einmal die Nachbarn zu Hilfe. Diese verständigten den Notarzt, der sie in die Uniklinik nach Marburg brachte.

Ich war gerade in der Arbeit, als Gudrun mich anrief und erzählte, was passiert war. Mein Vater kämpfte damals selber mit gesundheitlichen Problemen und war von der Situation völlig überfordert. Deshalb blieb er erstmal zu Hause und Gudrun, ihr Mann und ich fuhren ins Krankenhaus. Es war sehr schlimm, meine Mutter dort liegen zu sehen. Von der starken Frau, die alles unter Kontrolle hatte und über jeden Schicksalsschlag erhaben war, war nur noch der Körper übrig. Die ersten Tage war sie dauerhaft ohne Bewusstsein. Als sie dann aufwachte, hatte sie vieles vergessen, wusste nicht mehr, dass ich Geburtstag hatte und war insgesamt verwirrt und ängstlich. Sozusagen über Nacht war sie eine alte Frau geworden. Das war für mich ein schreckliches Erlebnis. Plötzlich war meine Mutter kein Fels in der Brandung mehr. Nun hatte sich das Blatt gewendet und ich selbst stand als die tragende Generation da. Als diejenige, die alles unter Kontrolle haben sollte, die Älteren und Jüngeren versorgen musste. Ich zweifelte nicht daran, dass ich das schaffen würde. Aber bis dahin hatte ich mich in keiner Weise mit diesem Punkt auseinandergesetzt. Dass er so überraschend kam, traf auch mich wie ein Schlag.

Von der chirurgischen Seite her durfte meine Mutter nach eineinhalb Wochen nach Hause. Körperlich war sie nun außer Gefahr. Wie weit sie sich geistig erholen würde, war noch nicht klar. Also stellten wir vorerst ein Krankenbett in ihr Wohnzimmer. Mein Vater konnte sich nicht um meine Mutter kümmern. Daher teilten Gudrun und ich uns die Pflege. Meine Schwester kam zum Waschen, Bügeln und Kochen und schmiss auch den restlichen Haushalt. Ich ging nach der Arbeit in mein Elternhaus, redete mit meiner Mutter und sah grundsätzlich nach dem Rechten.
Es dauerte nicht lange, da rief Gudrun mich wieder in der Arbeit an und war völlig außer sich. „Irgendwas stimmt nicht mit der Mama", sagte sie. „Sie sitzt ganz bewegungslos mit offenen Augen da!"

Ich fuhr sofort nach Hause und versuchte, Gudrun zu helfen. Als wir meine Mutter hinsetzen wollten, kippte sie einfach nach vorne um. Der Notarzt kam und diagnostizierte eine Hirnvenenthrombose, also eine Art Hirnkrampf. Als er meine Mutter wieder in die Uniklinik einweisen wollte, sagte ich sofort: „Sie kommt jetzt woanders hin. Das kann so nicht weitergehen. Das muss geklärt werden!"

Also kam meine Mutter in die Klinik für Neurologie auf dem Ortenberg. Dort lag sie dann acht Wochen lang. Mittlerweile war klar, dass sie ein Blutgerinnsel im Kopf hatte, das gewisse Hirnareale anschwellen ließ. Im Laufe der Behandlung wurde das Gerinnsel aufgelöst und meiner Mutter ging es wieder besser. Als sie dann nach Hause kam, konnten wir uns nie und nimmer vorstellen, dass sie jemals wieder allein zurechtkommen würde. Aber im Laufe der nächsten Monate – teilweise waren es Jahre – erholte sie sich tatsächlich so weit, dass sie wieder kochte und schließlich den Haushalt weitestgehend allein übernehmen konnte.

Als Laura in die Schule kam, konzentrierte sich alles wieder auf sie. Schon bei der Voruntersuchung zeigte sie der Lehrerin, wie keck sie war. Auf deren Anweisung hin sollte sie ein Bild von einem Menschen malen. Mit der Zunge zwischen den Zähnen zeichnete sie penibel an einer Figur, die ich schon nach wenigen Augenblicken nur zu gut erkannte, denn sie hatte vier Finger an jeder Hand. Die Lehrerin besah sich das fertige Bild und sagte: „Das hast du schön gemacht, Laura. Nur eine Sache stimmt nicht ganz. Zähl doch mal die Finger!" Laura sah nicht einmal hin, sondern schüttelte nur den Kopf.

„Da stimmt schon alles", sagte sie und schob der Lehrerin das Blatt zurück.

Die Frau hatte aber immer noch nicht verstanden und beharrte auf ihrer Meinung. „Schau mal, Laura: Wir Menschen haben fünf Finger an jeder Hand. Und du hast nur vier gemalt."

Da stöhnte meine Tochter nur genervt und erklärte der Lehrerin, wie sich die Sache wirklich verhielt: „Meine Mama hat aber bloß vier, und die ist auch ein Mensch", sagte sie. Die Lehrerin wurde daraufhin kreidebleich und entschuldigte sich beschämt bei mir. Ich konnte mir ein belustigtes Grinsen nicht verkneifen.

Später fiel Laura nicht nur durch ihre Gewitztheit, sondern auch durch ihre Impulsivität auf. Ich lernte schnell, die Anrufe aus dem Rektorat zu fürchten. Nicht weil sie sich schlecht benommen hätte – dagegen wären mir diverse Mittel eingefallen – sondern weil es immer wieder Zwischenfälle auf dem Pausenhof gab. Hier landete ein Fußball auf ihrer Nase, dort balgte sie sich mit einem Jungen oder fiel mit dem Rücken auf eine Bordsteinkante. Die Anrufe begannen immer mit den Worten „Regen Sie sich nicht auf!" und endeten mit „Der Krankenwagen ist schon unterwegs." Natürlich regte ich mich doch jedes Mal auf und innerlich war ich täglich froh, wenn 10.30 Uhr vorbei war und die Pause ohne blutige Zwischenfälle und Rektorats-Anrufe vorbeigegangen war.

Im Krankenhaus war unsere Familie mittlerweile wohlbekannt. Doch während in den letzten Jahren immer nur Laura mit kleineren Blessuren Patientin gewesen war, holte auch mich nach fast 23 Jahren Arbeit als Verwaltungsfachangestellte im Jahr 2000 meine Vergangenheit ein. Seit meiner Jugend hatte ich – außer dem Kaiserschnitt – keine größeren Operationen mehr gehabt. Doch nun machte sich die Büroarbeit auf verschiedenen Ebenen schmerzhaft bemerkbar. Meine Hände und Schultern taten mir durch das viele Schreiben ständig weh. Dazu kam, dass ich seit Jahren in einem Tablettenkreislauf gefangen war. Hauptauslöser dafür war mein ursprünglich durch die Conterganschädigung hervorgerufener falsch angelegter Darmausgang. Dieser war zwar kurz nach meiner Geburt korrigiert worden, doch ich musste trotzdem öfter zur Toilette gehen als andere Menschen. Weil ich aber auf der Behörde viel Laufkundschaft hatte und ständig präsent sein wollte, unterdrückte ich die Darmtätigkeit durch die Einnahme von Medikamenten. Dadurch bekam ich Verdauungsprobleme und Koliken, wegen denen ich dann Schmerzmittel schluckte. Ich war nun 38 Jahre alt und bemerkte zum ersten Mal, dass mein Körper Verschleißerscheinungen zeigte.

Wegen der Koliken hatte ich schon Angst, dass es sich dabei um Darmkrebs handeln könnte. Ich war froh, als dieser Verdacht sich nicht bestätigte. Dennoch rieten mir die Ärzte zu einer Operation. Zum einen sollten dabei die Narben von den zahlreichen früheren OPs innerhalb und außerhalb des Bauchs entfernt werden. Zum anderen war durch das innen liegende Narbengewebe ein Teil des Dünndarms geschädigt und sollte entnommen werden. Weil es sich dabei nicht gerade um eine kleine Operation handelte, entschloss ich mich, einen Rentenantrag zu stellen und mit der Arbeit aufzuhören. Die Entscheidung fiel mir nicht leicht, aber ich fand es an der Zeit, dem Tablettenkreislauf zu entkommen und meinen schmerzenden Händen eine Entlastung zu gönnen.

Der Eingriff verlief ohne große Komplikationen. Das einzig Schlimme daran war, dass er auch einen Eingriff in mein Leben darstellte und ich nicht wusste, ob ich mit meiner künftigen „vielen Freizeit" gut umgehen konnte.

Zum Glück bekam ich keine Gelegenheit, ein Couchhocker zu werden. Dafür sorgte innerhalb kürzester Zeit mein geliebtes Heimatdorf. Vielleicht war es Schicksal, dass gerade zu der Zeit, im Jahr 2001, in Allendorf der Ortsbeirat gewählt wurde. Auf das Drängen einiger Mitbürger hin ließ ich mich aufstellen. Ich dachte mir einfach: So ganz allein zu Hause ist auch blöd. So kannst du wenigstens was Sinnvolles machen!
Wenig später zog ich stolz in das Gremium ein. Dieses wählte mich auch gleich zur stellvertretenden Ortsvorsteherin und bei der nächsten Wahl zur Ortsvorsteherin, was ich auch heute, eine weitere Wahlperiode später, immer noch bin.
Was ich bei der Kommune im sozialen Bereich gelernt hatte, konnte ich in meinem neuen Amt nun gut brauchen. Ich half den Dorfbewohnern bei Wohngeld-, Sozialhilfe- und Rentenanträgen, vermittelte zwischen Bürgern und Gemeinde und schrieb Rechnungen für unser Bürgerhaus. Wenn jemand verstorben war, brachte ich die Bestattungsanzeige ins Rathaus und unterstützte die Trauernden so gut es ging mit meiner Anteilnahme. Weil ich vorher auf der Gemeinde gearbeitet hatte, war ich außerdem dienstsiegelberechtigt und durfte dadurch auch Beglaubigungen ausstellen.
All das konnte ich zeitlich mit meiner Gesundheit abstimmen und war trotzdem immer noch ganz nah an den Leuten und dem Leben dran. Besonders freute ich

mich darüber, dass ich durch meine häufigen Besuche im Rathaus immer noch die Nähe zu meinen Kolleginnen und Kollegen von früher hatte.

Als Ortsvorsteherin nahm ich mir auch die Freiheit heraus, mich selbst zu 80. und 85. Geburtstagen in Allendorf einzuladen. Zu den Feiern ging ich mit einem kleinen Präsent, trank mit den Leuten Kaffee und unterhielt mich ein bisschen. Mir war einfach wichtig, Kontakt zu den Menschen zu pflegen. Es gibt Lokalpolitiker, die gehen auch auf solche Geburtstage, reden aber immer von oben herab. Ich bin einfach Kotche's Gunhild und mache mein Ding. Das kam bei den Leuten gut an. Einmal pro Woche hielt ich auch eine Sprechstunde im Bürgerhaus ab, aber die Leute wussten genau, dass sie mich notfalls zu Hause anrufen konnten, wenn sie an diesem Abend keine Zeit hatten.

Meine Tätigkeit als Ortsvorsteherin war noch aus einem anderen Grund wichtig für mich: Endlich hatte ich die Gelegenheit, den Allendorfern etwas zurückzugeben. Durch ihre Offenheit mir gegenüber hatten mich die Dorfbewohner viele Jahre lang geprägt und letztlich zu dem gemacht, was ich war. Ich wollte ihnen gern zeigen, dass ich stolz auf das Vertrauen war, das sie in mich setzten, und zeigte deshalb in meinem Amt vollen Einsatz.

Seit 2006 bin ich auch in der hiesigen Gemeindevertretung. Die Wahlen für dieses Gremium sind personenbezogen und daher freute ich mich ganz besonders, als ich bei der letzten Wahl an die siebte Stelle kam. Ich denke nicht, dass das mit meiner Behinderung zusammenhing, sondern vielmehr mit meinen Augen fürs Soziale und meiner Art, einfach nur ich selbst zu sein. Vor kurzem wurde ich unabsichtlich Zeuge eines Gesprächs, das zwei Lokalpolitiker von einer anderen Partei über mich führten. Ich war gerade in die Wühlkiste eines Supermarkts vertieft, weshalb mich die beiden wohl nicht wahrnahmen. Sie standen gegenüber an der Wursttheke, als der eine zum anderen sagte: „Wie kommt diese Frau bloß an die siebte Stelle im Parlament?"

Da waren sie bei mir gerade richtig! Solche Gespräche waren mir immer schon zuwider gewesen. Deshalb ließ ich die beiden Lästermäuler gar nicht erst in Fahrt kommen. Bevor der Wortführer noch seine Metzgertüte in die Hand bekam, stand ich schon hinter ihm und tippte ihm auf die Schulter.

„Ich glaube, das nennt man Menschlichkeit", sagte ich, zog die Augenbrauen hoch und ging.

9. Kapitel
Wachsen tut nicht weh

Weil ich nun Ortsvorsteherin und Mutter einer pubertierenden Tochter war, wollte ich natürlich in allen Lebensbereichen auf dem Laufenden bleiben. Dazu gehörte auch das Internet. In meiner Freizeit surfte ich immer wieder durch verschiedene Foren, lud mir Kochrezepte herunter oder recherchierte irgendeine Wissensfrage. Dabei landete ich eines Tages im Chat der Sendung von Arabella Kiesbauer. Hier wurde gerade das Thema der nächsten Sendung diskutiert. Es lautete: „Hilfe, ich bekomme ein behindertes Kind!"

In dem Chat gab es einige Leute, die furchtbar dumme Kommentare hinterließen. Ich ärgerte mich darüber so sehr, dass ich selbst mitdiskutierte. Dabei erzählte ich von meiner Contergan-Schädigung und darüber, dass ich trotzdem ein gutes und erfülltes Leben führte. Nachdem ich einige entsprechende Kommentare hinterlassen hatte, widmete ich mich wieder meiner Mutter und der Hausarbeit. Es dauerte nicht lange, da klingelte mein Telefon.

„Guten Tag Frau Kornja, hier ist die Redaktion von Arabella", sagte jemand am anderen Ende der Leitung. Scheinbar hatten die Journalisten die Diskussion im Internet mitverfolgt und meine Telefonnummer herausgefunden, weil ich ja meinen Namen hinterlassen hatte.

Sie fragten mich, ob ich bei der geplanten Sendung zu diesem Thema dabei sein wollte und ich sagte spontan zu.

Zwei Wochen später fuhr ich mit Laura und meiner Nichte Sabrina mit dem Zug nach München. Hennes hatte an diesem Tag leider keinen Urlaub bekommen, weshalb er leider nicht dabei sein konnte.

Wir wurden von einem Mitarbeiter der Sendung direkt am Münchner Bahnhof abgeholt und in das Aufnahmestudio gefahren. Hier setzte man uns in die Maske und stylte uns fernsehtauglich auf. Das war ziemlich witzig und natürlich ein bisschen aufregend. Wir trafen auch Arabella Kiesbauer schon hinter den Kulissen und sprachen ein paar Takte mit ihr. Sie war eine sehr sympathische und professionelle Frau, die ich sofort mochte.

Danach setzten sich Laura und Sabrina ins Publikum, während ich hinter der Bühne bleiben musste, bis ich aufgerufen wurde. Zunächst dachte ich, man würde mich mitten in der Sendung für fünf Minuten ins Studio holen, aber weit gefehlt: Ich kam als erste Gesprächspartnerin herein und blieb bis zum Ende der Sendung sitzen. Arabella zeigte eine Bildershow aus meinem Leben und stellte einige Fragen über meine Kindheit und mein Leben. Ich war schon sehr aufgeregt, wie ich da auf dem Sofa saß und in die unerbittlich weiterfilmenden Kameras starrte. Wenn ich heute den Videoausschnitt der Sendung anschaue, weiß ich noch ganz genau, wie hoch mein Adrenalinspiegel damals war. Aber die meisten Leute behaupten, ich sei trotzdem gut und seriös rübergekommen.

Arabella interessierte sich sehr für Laura und fragte, wie ich es geschafft hätte, sie großzuziehen. „Man erzieht die Kinder eben anders", sagte ich. „Man kann sie nicht so viel herumtragen und sie müssen schon früh lernen, sich selbstständig anzuziehen und auf die Toilette zu gehen." Auch Laura selbst wurde gefragt, wie ihre Freunde auf meine Behinderung reagieren würden. Sie antwortete: „Da kommen keine dummen

Kommentare. Die fragen höchstens mal, was die Mama eigentlich hat."

Ich erzählte dann, dass ich grundsätzlich eher offensiv mit meiner Fehlbildung umgehe. „Ich habe schon Lauras Kindergärtnerinnen gleich am ersten Tag gesagt, dass die anderen Kinder ruhig Fragen stellen können. Und das haben sie dann auch getan. Sie fragten mich ganz gezielt: ‚Warum hast du so schiefe Hände?'. Als ich es dann erklärte, war die Sache für die Kinder erledigt."

Danach sprach ich noch ausführlich über die Integration von Behinderten in die Gesellschaft und fand, dass diesbezüglich in Deutschland noch viel passieren musste.

Außer mir waren natürlich noch einige andere Gäste da. Ein Ehepaar erwartete ein Kind, das voraussichtlich mit einer Nierenschädigung auf die Welt kommen würde, wieder andere hatten bereits behinderte Kinder oder hatten sich für eine Abtreibung entschieden.

Manchmal war es schwierig für mich, eine gute Antwort zu finden, denn Arabella fragte mich oft, was ich über die Entscheidung einer anderen Person dachte. Da erklärt man natürlich nicht vor laufender Kamera: „Ich finde es voll daneben, dass du abgetrieben hast." Vor allem, weil ich die Beweggründe der anderen zwar nicht verstehen, aber zumindest respektieren konnte. So in der Art sagte ich das dann auch.

Am Ende der Sendung war ich ziemlich erschöpft, aber auch aufgewühlt und stolz. Wir fuhren guter Dinge wieder zurück nach Allendorf, wo wir schon von unseren Freunden und Verwandten empfangen und endlos lange ausgefragt wurden. Die Sendung lief dann nicht nur einmal, sondern wurde später wiederholt. Das führte dazu, dass mich über Monate hinweg immer wieder Leute ansprachen und sagten: „Dich hab ich bei Arabella gesehen!"

Auf dem alten Mitschnitt der Talkshow kann man schon sehr gut erkennen, was uns in den kommenden Jahren stark beschäftigen sollte: Laura war damals 13 Jahre alt und bereits größer als ich. Ein Jahr später musste ich schon nach oben schauen, wenn ich mit ihr sprechen wollte, und mit 15 machte ich vor jedem Gespräch einen Schritt zurück, damit ich den Hals nicht verbiegen musste. Damals war sie bereits 1,78 m groß.

Als Laura begann, beim Gehen den Rücken krumm zu machen, machten wir uns Sorgen. Zunächst vermuteten wir nur eine Haltungsschwäche wegen ihrer Größe. Der Kinderarzt diagnostizierte aber Morbus Scheuermann, eine Wachstumsstörung der Wirbelsäule, unter der auch Gudrun in ihrer Kindheit gelitten hatte. Typisch für diese Krankheit ist der Buckel, den Betroffene durch vermehrte Biegebelastung entwickeln. Bei Laura war er zum Glück nicht ganz so ausgeprägt wie bei anderen Patienten. Meine Schwester hatte wegen der Erkrankung monatelang in einem Gipsbett schlafen und tagsüber ein Korsett tragen müssen. Laura kam zum Glück um beides herum. Also machten wir uns zunächst nicht viele Sorgen.

Unser Hauptaugenmerk lag in dieser Zeit ohnehin wieder einmal auf meinem Elternhaus. Diesmal waren es gleich beide Elternteile, deren Zustand mich beunruhigte. Der Schlaganfall meiner Mutter war nun zehn Jahre her und sie hatte sich so weit davon erholt, wie niemand von uns je zu hoffen gewagt hatte.

Dennoch fielen meiner Schwester in der letzten Zeit Dinge auf, die äußerst ungewöhnlich waren – zumindest für meine Mutter, die bis dato eine perfekte Hausfrau gewesen war. Plötzlich standen Wäschekörbe tage- oder wochenlang herum. Dann lag die Wäsche ungebügelt im Schrank. Manchmal zündete sie mitten im Sommer den Kohleherd an, um darauf Kaffee zu kochen wie früher in meiner Kindheit. All das waren Kleinigkeiten, aber sie gaben mir zu denken, denn ich kannte meine Mutter viel zu gut, um das normal zu finden. Je mehr Zeit verging, desto häufiger wurden die Nachlässigkeiten meiner Mutter, desto öfter wiederholte sie eben Gesagtes oder verfiel in Gewohnheiten, die aus den 70er-Jahren stammten. Als sie schließlich den Salat mit Erdbeerjoghurt anmachte, war uns endgültig klar: Hier muss etwas passieren! Ich redete mit meiner Schwester und stellte fest, dass Gudrun sich schon längst Gedanken über die Zukunft gemacht hatte. Sie vermutete, dass unsere Mutter an Alzheimer litt, aber ich wollte das noch nicht so richtig glauben. Trotzdem war mir bewusst, dass unsere Eltern wahrscheinlich nicht mehr lange einen eigenen Haushalt führen konnten. Gudrun und ich redeten an diesem Tag zum ersten Mal über den Verkauf des Hauses und die Pflege unserer Eltern, auch wenn das alles noch ungelegte Eier waren.

Dann aber passierte etwas, das den Prozess beschleunigte: Mein Vater litt ja schon seit vielen Jahren unter seinem „kalten Bein", das er sich während der Arbeit in der Eisengießerei verbrannt hatte. Die gestörte Durchblutung verschlechterte sich durch das Älterwerden natürlich rapide. Seit vielen Jahren humpelte er schon und seit einigen lief er auf Krücken. Dazu kämpfte er mehr denn je mit zermürbenden Schmerzen. Wir Kinder schimpften oft mit unserem Vater und hielten ihm vor, dass sein kaltes Bein vom jahrelangen Rauchen kam, was wahrscheinlich nicht stimmte, oder zumindest nicht die Hauptursache war. Wir wussten natürlich immer, dass Durchblutungsstörungen schlimmstenfalls ein Absterben des betroffenen Körperteils zur Folge haben können. Dennoch traf uns die schlechte Nachricht wieder einmal ganz unvermittelt – im Alltag neigt man einfach immer dazu, Dinge, die man nicht wahrhaben will, zu verdrängen: Die Mediziner gaben dem Bein meines Vaters keine Chance mehr und amputierten es.

Nun hatten wir wieder einen totalen Pflegefall in der Familie und mussten uns aufteilen, um meiner Mutter beim Haushalt und bei der Versorgung unseres Vaters zur Seite zu stehen. Der immense Eingriff hatte ihn körperlich sehr geschwächt und er war mit 70 Jahren auch nicht mehr der Jüngste. Ähnlich wie meine Oma, die sich nicht mehr von ihrem Oberschenkelhalsbruch erholt hatte, siechte auch mein Vater nach der Amputation dahin. Aus eigenen Kräften kam er nicht mehr vom Rollstuhl ins Bett und umgekehrt. Meine Mutter konnte ihn auf keinen Fall hochheben. Auch ich hatte dafür nicht genug Kraft in meinen Armen. Wenn Gudrun also nicht greifbar war, so mussten wir entweder die Nachbarn oder meine 15-jährige Tochter zu Hilfe rufen.

Einmal, als Laura ihren Opa vom Rollstuhl ins Bett wuchtete, klagte sie danach über Schmerzen in der Leiste. Aber da sie am selben Abend scheinbar topfit mit ihrer Clique wegging, maß ich dem keine Bedeutung zu.

Wenige Monate nach der Amputation war uns allen klar, dass es so nicht weitergehen konnte. Gudrun fuhr täglich 30 Kilometer zwischen Breidenstein und Allendorf hin und her, obwohl sie selbst zu Hause ihre Schwiegereltern pflegte. Ich zerriss mich zwischen meiner eigenen Familie und meinen Eltern. Meine Mutter vernachlässigte den Haushalt und sich selbst immer mehr und auch das Kathrinchen konnte nicht die Verantwortung für meine Eltern tragen.

Weil Gudrun in ihrem Haus bereits ihre Schwiegermutter beherbergte und bei uns kein zusätzliches Zimmer zur Verfügung stand, beschlossen wir schweren Herzens, zunächst unseren Vater in ein Pflegeheim zu geben und unsere Mutter wochenweise bei Gudrun oder im Elternhaus zu betreuen. Bis zum kommenden Jahr würden unsere Mieter im Erdgeschoss ohnehin ausziehen. Das gab uns die Möglichkeit, nach unten in die wesentlich großzügigere Wohnung zu ziehen und ein Elternteil zu uns zu holen.

Einige Monate später war die Wohnung im Erdgeschoss dann frei und wir verwandelten sie wieder in einen Rohbau. Wochenlang verlegte der Mann meiner Schwester Fliesen, überholten wir die Elektrik und strichen sämtliche Wände, obwohl eigentlich keiner dafür Zeit hatte. Stellenweise ging es auf der Baustelle ziemlich chaotisch zu. Als alles fertig war, räumten wir unsere Möbel nach unten und richteten auch das Pflegezimmer für meine Mutter ein. In unsere alte Wohnung im ersten Stock zog ein junges Paar aus dem Dorf mit seinem Kind.

Gleichzeitig fanden wir auch Käufer für unser Elternhaus. Darüber waren wir unheimlich froh, doch am Tag der Schlüsselübergabe grummelte es trotzdem sehr in meinem Bauch. Erst da wurde mir so richtig bewusst, dass das Heim meiner Kindheit in wenigen

Stunden für immer versperrt sein würde. Nie wieder würde ich einfach den Schlüssel ins Schloss stecken und die Tür aufschließen. Ich sah in Gedanken, wie meine Oma in dieser Küche den Topf mit den Kartoffeln öffnete, wie meine Mutter an einem Puppenkleid häkelte, und hätte am liebsten den ganzen Verkauf rückgängig gemacht. Zum Glück bin ich nicht der Typ für emotionale Schellentschlüsse und habe mich in solchen Situationen gut im Griff. Im Nachhinein war ich natürlich heilfroh, dass das Haus Käufer gefunden hatte, auch wenn mein innerer Schweinehund mir manchmal ins Ohr flüsterte, dass unser Garten früher immer schöner angelegt gewesen war, als er es heute ist.

Die Ärzte hatten inzwischen Gudruns Verdacht bestätigt und bei meiner Mutter Alzheimer diagnostiziert. Als sie 2004 ihr neues Domizil bei uns bezog, war sie aber noch fit genug, um am sozialen Leben in unserer Familie teilzunehmen. Ich gab ihr regelmäßige Aufgaben, die sie gerne erfüllte, weil sie sich dadurch nicht so nutzlos vorkam. Nach dem Waschen legte sie immer die Socken und Handtücher zusammen – eine Arbeit, die ich selbst gar nicht gerne mache. Ich denke heute noch bei jeder Wäscheladung an meine Mutter, sehe sie in Gedanken am Küchentisch sitzen und Strümpfe ineinander stecken, und wünsche mir, sie wäre noch da.

Eine weitere Aufgabe, in die sie sich mit Feuereifer stürzte, war das Stricken von Schals, die dann als Geschenke dienten. Später strickte sie manchmal auch irgendetwas anderes, wusste aber nach einigen Reihen nicht mehr, was es hatte werden sollen. Wenn sie zu Bett ging, nahm ich das unförmige Strickzeug und trennte die Maschen wieder auf. Am nächsten Morgen arbeitete sie weiter an einem Schal, als hätte sie nie etwas anderes geplant.

Mit fortschreitender Krankheit häuften sich die Momente, in denen meine Mutter geistig abwesend war und nahe stehende Personen nicht erkannte. Bei den Nachbarn war immer deutlich herauszuhören, ob sie wusste, mit wem sie es zu tun hatte. Redete sie im Hinterländer Platt, so hatte sie die Leute erkannt. Verfiel sie ins Hochdeutsche, so hatte sie keine Ahnung, wer da vor ihr stand. Manchmal übersprang sie dabei auch eine Generation. So erkannte sie zum Beispiel eine ältere Frau, nicht aber deren Tochter. Die Enkelin hingegen war ihr vertraut – nur redete sie sie mit dem Vornamen der Tochter an.

In Gudruns Haushalt war inzwischen durch den Tod ihrer Schwiegermutter ein Pflegeplatz freigeworden. Also nahm sie meinen Vater und das Kathrinchen zu sich. Die beiden stellten ganz unterschiedliche Ansprüche an meine Schwester. Das Kathrinchen war noch fit genug, sich weitestgehend selbst zu versorgen. Deshalb bekam sie eine kleine Einliegerwohnung am Haus ganz für sich allein, wo Gudrun nur hin und wieder nach ihr sehen und einen Kaffee mit ihr trinken musste. Mein Vater hingegen war mittlerweile ein Schwerstpflegefall. Er konnte nicht mehr aus seinem Bett aufstehen, hatte Muskelkrämpfe und Wassereinlagerungen im ganzen Körper. Dazu kämpfte er mit schlimmen Schmerzen, die nur durch starke Medikamente in den Griff zu bekommen waren. Er tat uns unendlich leid.

Mittlerweile kam es immer öfter vor, dass Laura mit krummem Rücken und der Hand an der Hüfte herumschlurfte. „Au, mir tut das so weh!", klagte sie beinahe täglich. Ich schob das alles auf Wachstumsschmerzen und die Morbus Scheuermann-Erkrankung. Dazu kam, dass die Schmerzen immer wieder wie weggeblasen waren, sobald Laura mit ihren Freunden auf Partys und in Diskos ging. Heute kann ich mir trotzdem nicht verzeihen, dass ich damals nicht sofort mit ihr zum Arzt gegangen bin.

Eines Tages waren Hennes und ich auf einem Truck-Stop-Konzert. Da rief Laura auf meinem Handy an und weinte vor Schmerzen: „Mama, es tut so weh, ich kann gar nicht mehr laufen. Bitte kommt nach Hause!", schluchzte sie.

Als erstes vermutete ich einen Leistenbruch, den sie sich wohl durch das schwere Heben meines Vaters zugezogen hatte. Wir fuhren also nach Hause und ich sah mir gleich ihre Leisten an. Doch dort war nichts Auffälliges zu erkennen, keinerlei Schwellungen oder Verfärbungen. Blieb also nur, dass die Schmerzen doch von der Wirbelsäulen-Erkrankung her kamen.

Wir ließen uns einen Termin in einer orthopädischen Klinik geben. Bis es endlich so weit war, dass die Untersuchung anstand, konnte Laura kaum mehr stehen und sitzen. Im Wartebereich der Klinik legte sie sich auf die Stuhlreihe, mit dem Kopf auf meinem Schoß, und ertrug das lange Warten mit bleichem Gesicht, während ich ihr den Hals kraulte. Die Umsitzenden schielten alle zu uns herüber, wie wir da saßen: die kleine contergangeschädigte Mutter und die riesige Tochter, die sich wie ein Kleinkind im Schoß ihrer Mama verkroch.

Die ersten Untersuchungen brachten kein Ergebnis. Ich fragte immer wieder, ob die Schmerzen vom Wachstum kommen könnten, doch die Ärzte antworteten nur: „Wachsen tut nicht weh."

Kurz bevor man uns wieder nach Hause schicken wollte, sah der Oberarzt sich Laura noch einmal genauer an und erkannte: „So, wie du da stehst, hast du ein Problem in der Hüfte! Ich hätte gern ein Röntgenbild davon."

Wir bekamen also einen weiteren Termin in der Radiologie einer anderen Klinik, wo Laura geröngt und in die Röhre geschoben wurde. Noch während die Untersuchungen im Gange waren, redete ich mir ein, dass die Ursache für die Schmerzen meiner Tochter bald gefunden und beseitigt werden konnte. Doch als die Ärzte mich dann aufsuchten, sah ich schon an ihren Gesichtern, dass sie mir keine guten Nachrichten brachten. Was ich dann zu hören bekam, war schlimmer als alles andere, das mir zuvor in meinem Leben passiert war: Laura hatte einen drei mal vier Zentimeter großen, schnell wachsenden Tumor in der rechten Hüftgelenkspfanne. Sie sollte sofort operiert werden.

Meine Welt brach zusammen. Ich fühlte mich wie in einem Albtraum gefangen und hoffte einen Augenblick, gleich aufzuwachen und den Schock einfach abstreifen zu können. Wie Blitzlichter zogen Momente aus Lauras Leben an mir vorbei. Wie sie auf Bäume und Gerüste kletterte, wie sie ihren Papa im Schlaf mit Filzstift anmalte, wie sie neben mir auf dem Sofa kuschelte. Alles in mir schrie und wehrte sich gegen diesen Befund. Ich konnte mich kaum mehr auf den Beinen halten.

„Was soll das bedeuten? Hat sie Krebs?" fragte ich.

„Wir wissen noch nicht, ob der Tumor gutartig oder bösartig ist", sagte einer der Ärzte in sachlich-professionellem Tonfall. „Und wir wissen auch nicht, was genau sich während der OP herausstellen wird."

Er erklärte mir, dass Lauras Hüfte vielleicht schon so geschädigt war, dass sie ein künstliches Hüftgelenk brauchen würde. Es bestand aber auch die Hoffnung, dass man einen anderen Knorpel aus ihrem Becken implantieren konnte. In diesem Fall sei aber mit Komplikationen und mindestens zwölf Wochen ohne Belastung auf Krücken zu rechnen.

Als ich ohne meine Tochter nach Hause fuhr, um alles für die bevorstehende OP zu regeln, weinte ich wie von Sinnen. Ich gab mir allein die Schuld an dem Unglück, weil ich Lauras Zustand zunächst nicht ernst genommen hatte. Allein das Wort Tumor löste in mir die schlimmsten Alpträume aus. Immer wieder sagte ich mir, dass ich die Schuld daran trug, wenn meine Tochter sterben würde. Warum hatte ich ihre Schmerzen nicht ernst genommen und mir eingeredet, es käme vom Wachstum? Es ist ein Wunder, dass ich während dieser Autofahrt keinen Unfall hatte und heil zu Hause ankam.

Ich rief Hennes in der Arbeit an und überbrachte ihm die schlechte Nachricht. Er war genauso geschockt wie ich und nahm sich sofort Urlaub. Nachdem ich wie in Trance Lauras Sachen zusammengepackt und meine Mutter zu meiner Schwester gebracht hatte, trafen wir uns in der Uniklinik, wo Laura schon für die Operation vorbereitet wurde.

Der zuständige Professor klärte uns über den OP-Verlauf auf: „Falls wir kein künstliches Hüftgelenk einsetzen müssen, werden wir einen Knorpel aus dem Becken entnehmen, um damit die Hüftgelenkspfanne auszukleiden. Wir werden aber erst während der Operation wissen, ob das möglich ist."

Dann schoben sie unsere Tochter in den Operationssaal. Wir sahen sie hinter einer Glasscheibe verschwinden und konnten nichts mehr tun als zu warten. Das taten wir dann. Vier Stunden lang. Wir sprachen dabei fast kein Wort, saßen einfach nur da und warteten, mit einer totalen Leere im Gehirn. Dass die Schwestern uns zwischendrin Kaffee anboten, nahmen wir nur am Rande wahr. Das waren die vier schlimmsten Stunden meines Lebens.

Dann endlich kam ein Arzt, der die Folter beendete. Er teilte uns mit, dass Laura sich nun im Aufwachraum befände und die Operation gut verlaufen sei.

„Sie hat es sehr gut überstanden", sagte er „Der Tumor war gutartig und die Verpflanzung des Beckenknorpels hat ebenfalls geklappt."

Ich hätte ihm um den Hals fallen können.

In dem Moment, wo sich meine schlimmsten Befürchtungen nicht bestätigten, meldete sich mein Gewissen verstärkt zu Wort.

„Was wäre passiert, wenn der Tumor nicht entdeckt worden wäre?", fragte ich.

Der Arzt antwortete: „Fragen Sie das nie. Seien Sie froh darüber, wie es ausgegangen ist."

Am 2. September, pünktlich zum Geburtstag ihres Vaters, wurde Laura aus dem Krankenhaus entlassen. Sie humpelte tapfer auf ihren Krücken herum und war natürlich unter den Gästen das Gesprächsthema Nummer eins. Ich hatte ihre schnodderige, freche Art noch nie so bewusst geliebt wie an diesem Tag. Es war so gut, sie gesund wieder bei uns zu haben. Wir feierten also auch ein bisschen Lauras zweiten Geburtstag und nicht nur Hennes' 44sten.

Laura hielt uns weiterhin auf Trab. Nach der gelungenen Operation dauerte es tatsächlich Monate, bis sie wieder normal laufen konnte. Doch schon nach wenigen Tagen hopste sie mit den Krücken durchs

Haus als hätte sie nie etwas anderes getan. Ich hielt ständig die Luft an, wenn sie sich um die Ecken schwang. „Mach doch langsam!", jammerte ich, weil ich Angst hatte, sie würde hinfallen und sich gleich wieder unters Messer legen müssen. Doch es passierte nichts. Laura war einfach jung und sportlich und ich war scheinbar durch die Ereignisse der letzten Jahre etwas furchtsam geworden.

Wenn sie duschen wollte, stellten wir zwei Bierkisten in die Dusche, auf denen sie im Stehsitzen von mir abgeschrubbt wurde. Die Schule besuchte sie zuerst nur zu den Hauptfächern. Aber bald war sie wieder fit genug, um den ganzen Tag durchzustehen. Unsere ehemalige Mieterin unterrichtete an derselben Schule und nahm sie morgens mit, um ihr die Busfahrt zu ersparen. Ihre Freunde schleppten ihre Schultasche, so wie früher meine Freunde meine Tasche getragen hatten, als ich mir durch den Fahrradsturz die Schulter gebrochen hatte.

Von außen verheilte Lauras Verletzung schnell. Bis der Knorpel seine neue Funktion wirklich präzise erfüllte, dauerte es wesentlich länger. Unser Physiotherapeut ist mittlerweile schon fast ein Familienmitglied, so oft saß Laura in seiner Praxis.

Ein wunderbar ruhiges Jahr verging, bevor es im wahrsten Sinne des Wortes wieder krachte. Laura hatte nun den Mopedführerschein und fuhr mit ihrem Roller jeden Morgen nach Marburg, wo sie in einer Reha-Klinik ihre Ausbildung als Arzt-Helferin machte. Ich hatte deshalb ständig Angst um sie. Also bat ich sie, mir immer dann, wenn sie in der Klinik angekommen war, eine kurze SMS zu schicken. „Bin da." – Das reichte mir schon. Eines Tages kam die SMS nicht. Dafür erhielt ich einen Anruf von einem

Unbekannten, der mich fragte: „Haben Sie eine Tochter, die Laura heißt?"

„Ja", stammelte ich, in Erwartung einer schlechten Nachricht.

Dann sagte er das, was die Lehrer in der Schule immer gesagt hatten: „Regen Sie sich nicht auf!"

In dem Moment wusste ich, dass der Krankenwagen schon unterwegs war.

Laura lag wieder in der Uniklinik. Ein Auto hatte sie beim Überholen bedrängt. Dadurch war sie mit den Rädern auf den Randstreifen gefahren und ins Rotieren gekommen. Weil sie den Roller nicht mehr halten konnte, war sie in den Straßengraben gerutscht, wo sie eine Weile wie benommen liegen blieb, bis ein anderer Autofahrer sie fand. Er war es, der den Krankenwagen und uns Eltern verständigt hatte.

Wenig später donnerten Hennes und ich gemeinsam mit unserer Mieterin Ulrike, die ebenfalls Arzthelferin war, durch die Türen der Notaufnahme. Wir machten uns schreckliche Sorgen, dass Lauras Hüfte Schaden genommen haben könnte. Außerdem wussten wir noch nicht einmal, ob sie bei Bewusstsein war und ob sie Schmerzen hatte. Zum Glück hörte ich sie sofort. Laura saß in einem Untersuchungszimmer und schäkerte mit einem Arzt.

„Oh Gott, ich hab sie reden hören!", seufzte ich erleichtert. Dann konnte es so schlimm wohl nicht sein.

Als ich meine Tochter unversehrt bis auf ein paar Blessuren und Schürfwunden in die Arme schloss, sagte sie nur: „Mama, die haben die gute Jacke aufgeschnitten!"

Es war mir so was von egal. Dann sagte der Arzt auch noch: „Großer Gott, was mussten wir der alles ausziehen! Skiunterwäsche, Schal, Pullis ... sie ist ziemlich weich gefallen." Gerade eben hatten wir wieder um das Leben unserer Tochter gebangt. Und nun redeten wir über kaputte Kleidung. Was für ein Luxus!

10. Kapitel
Das Leben geht weiter

Am 23. Februar 2007 frühstückte ich mit meiner Mutter. Sie war mittlerweile 80 Jahre alt und durch ihre Erkrankung stark beeinträchtigt. Aber in guten Momenten hob sich der Schleier der Demenz für längere Zeit und sie war wieder die starke Frau und Mutter, die ich so liebte und bewunderte. Alle drei Wochen kam die Hausärztin, um ihre Vitalfunktionen zu checken und ihr notfalls Medikamente zu verschreiben. Darüber war ich sehr froh, denn Autofahrten waren für meine Mutter immer Stress.

An diesem Tag war die Ärztin zufrieden mit ihrer Patientin. Also schmierten wir uns ein paar Brote, tranken unseren Kaffee und ließen den Tag ruhig angehen. Meine Mutter sagte: „Ich gehe rüber in mein Zimmer und hole mir ein Taschentuch."

Kaum, dass sie weg war, klingelte es an der Tür. Es war Rosi, eine Frau aus dem Dorf, die mich besuchen wollte. In dem Moment, als ich ihr die Tür öffnete, beschlich mich plötzlich ein ungutes Gefühl.

„Geh schon mal rein, ich muss erst nach der Mama schauen", sagte ich. „Nicht dass sie mich wieder schimpft, ich hätte ihre Taschentücher versteckt."

Als ich in das Zimmer meiner Mutter kam, lag sie tot auf dem Boden. Ich wusste sofort, dass sie nicht mehr lebte. Es war ein unglaublicher Schock. Gerade eben noch hatte die Ärztin ihr Herz abgehört und den Blutdruck gemessen und nun lag sie leblos auf dem Fußboden. Wir hatten uns nicht einmal mehr verabschieden können. Wenn ich gewusst hätte, dass dies unser letzter gemeinsamer Morgen war, dann hätte ich ihr gesagt, wie viel sie mir bedeutete, was ich alles von ihr gelernt hatte und wie wunderbar meine

Kindheit unter ihrer Obhut gewesen war. Später sagten viele Menschen zu mir, ich solle froh sein, dass meiner Mutter das Ende des Alzheimer-Prozesses erspart geblieben war. Sie hätte eigentlich einen schönen Tod gehabt. Doch das half mir in dieser Situation auch nicht. Alles, was ich dann tat, geschah wie im Nebel. Zuerst rief ich den Rettungsdienst, obwohl mir klar war, dass die Sanitäter nichts mehr ausrichten konnten.

Ich war sehr froh, dass Rosi bei mir war. Gemeinsam hoben wir den Körper meiner Mutter aufs Bett, denn ich konnte es nicht ertragen, sie da auf dem Fußboden liegen zu sehen. Dann rief ich meine Schwester an und überbrachte ihr die schlimme Nachricht. Sie war genauso geschockt wie ich. Auch Gudrun hätte sich gerne von unserer Mutter verabschiedet und weinte bittere Tränen, weil es nun keine Möglichkeit mehr dazu gab. So blieb am Ende vieles ungesagt. Doch in meinem Herzen glaube ich, dass unsere Mutter all das trotzdem weiß und immer bei uns ist.

Es heißt immer: Der Tod gehört zum Leben dazu. Ich sehe das auch so. Und dennoch wirft er mich immer wieder aus der Bahn. Mir hilft dann am besten die Ablenkung des Alltags. Kurz nach der Beerdigung meiner Mutter fand in Allendorf die 700-Jahr-Feier statt, auf die das ganze Dorf schon seit Monaten hin fieberte. Ich stürzte mich also in die Arbeit, um die trüben Gedanken aus meinem Kopf zu verbannen und das Leben weitergehen zu lassen. Dennoch weinte ich anfangs bei jeder Ladung Wäsche, wenn ich die Socken sah, die nun niemand mehr sorgfältig und mit Liebe zusammenlegte. Auch der Anblick des halbfertigen Schals, an dem meine Mutter gerade gestrickt hatte, war fast nicht zu ertragen.

Mein Vater bekam die Nachricht vom Tod meiner Mutter noch mit. Er war auch in der Lage, über die Form der Beerdigung zu sprechen und seiner eigenen späteren Urnen-Bestattung zuzustimmen.

„Hauptsache, wir sind zusammen", sagte er. Aber größere Gespräche konnte er nicht mehr führen. Nur ein halbes Jahr später, am 4. August 2007 starb er im Alter von 74 Jahren an den Folgen seiner Krankheit. Meine Eltern liegen nun – wie sie es beide wollten – nebeneinander im selben Grab auf dem Friedhof in Allendorf.

Das Kathrinchen lebt bis heute in einer kleinen Wohnung im Haus von Gudrun und versorgt sich auch mit 83 Jahren noch fast selbst.

Im April 2011 starb meine Schwester an den Folgen eines Krebsleidens.

So habe ich mittlerweile bis auf meinen Bruder Friedhelm alle Familienmitglieder verloren. Ich versuche, ihr Andenken zu bewahren, indem ich meiner Tochter von ihnen erzähle und die Dinge in Ehren halte, die sie hinterlassen haben. Um in die Fußstapfen meiner Mutter zu treten, besuchte ich vor einigen Jahren auch einen Nähkurs und besitze mittlerweile eine Nähmaschine und eine Stickmaschine, mit denen ich selber Kleider, Taschen und Stofftiere entwerfe und herstelle – genau wie sie es früher getan hat.

Durch das Nähen halte ich meine Finger in Bewegung und roste nicht ein. Bei feuchtkaltem Wetter habe ich manchmal Schmerzen in den Händen vom jahrelangen Verschleiß. Manchmal passiert es mir auch, dass mir eine Tasse aus der Hand rutscht, weil mich kurz das Gefühl verlässt.

Im Alltag stoße ich manchmal auf Hindernisse, die mir auf den ersten Blick unüberwindbar oder zumindest sehr Kräfte zehrend erscheinen. Dann grüble ich stundenlang über der Handhabung von Dingen, die einer gesunden Frau in Sekundenschnelle von der Hand gehen. Wie komme ich an die Gardinenstange ran? Wie putze ich in der Ecke? Wie stecke ich einen Schnitt ab, ohne mich dabei zu verkrümmen? Manchmal ist die Lösung ganz einfach: den Besenstiel verlängern, mit den Füßen putzen, ein erhöhtes Brett neben der Nähmaschine bauen. Aber manchmal dauert es auch ziemlich lange, bis mir etwas einfällt. Wenn es gar keine Lösung gibt, nehme ich auch Kompromisse in Kauf. Dann trage ich eben den 25-Liter-Sack Blumenerde nicht auf einmal vom Auto in den Garten, sondern schöpfe ihn eimerweise aus und sauge hinterher meinen Kofferraum. Das sieht für viele Leute oft umständlich aus, ist für mich aber die einfachste Lösung.

Hennes und Laura sind es gewöhnt, dass ich eigentlich alles alleine schaffe. Mittlerweile gibt es manchmal Situationen, in denen sie Dinge als selbstverständlich ansehen, die mir langsam schwer fallen. „Mach doch mal, Mama!" – einfacher gesagt als getan. Ich bin aber nun so weit, dass ich mir auch mal helfen lasse. Die größte Hilfe ist meine behindertengerechte Küche, deren Schränke ich auf Knopfdruck herunterfahren kann. In der letzten Küche passierte es oft, dass ich auf die Arbeitsplatte krabbeln musste, um irgendetwas zu erreichen. Das Problem habe ich nun nicht mehr.

So habe ich es trotz der Verschleißerscheinungen in meinen Händen geschafft, mittlerweile fast ohne Medikamente auszukommen. Allgemein, so sagte mir neulich ein Gutachter, hätte ich mich für meine 50

Jahre ganz gut gehalten. Um meine Rücken-muskulatur zu stärken, gehe ich zum Schwimmen und ins Fitnessstudio, soweit es meine Gesundheit zulässt.

In Jahr 2011 gedachte Deutschland durch ver-schiedene Veranstaltungen und TV-Dokumentation dem 50. Jahrestag der Contergan-Tragödie. Mittlerweile hat man uns Opfer zum Großteil wieder vergessen. Für mich und meine Familie aber ist jeder Tag ein Gedenktag. Wenn ich sehe, mit welchen Behinderungen andere Geschädigte zurechtkommen müssen, kann ich mich wahrscheinlich noch glücklich schätzen. Die Zukunft lässt mich trotzdem manchmal ins Grübeln kommen – und das, obwohl ich alles andere als eine Grüblerin bin. Ich habe mir vorgenommen, die Jahre, die noch kommen, so anzunehmen, wie meine Mutter es getan hätte: So lange wie möglich beweglich bleiben, so lange wie möglich lebendig sein. „Wer rastet, der rostet", sagte sie immer gern zu mir. Nach diesem Motto packe ich es an. Meine Mutter hat sich nie unterkriegen lassen. Und ich bin ihre Tochter. Ich gebe auch niemals auf. Ich bin „annerscht", ganz klar. Aber ich bin eben Kotche's Gunhild. Und die will ich noch viele Jahre bleiben.

Beim Fotoshooting mit Tina Laser 2012.

Dieses Buch ist für meine Mutter Erna,
die mit mir den Kampf des Lebens bestritten hat
und mir zeigte, dass es sich immer zu kämpfen lohnt.

Danke an meinen Papa Heinz,
der meiner Mutter dabei zur Seite stand.

Danke an meine Schwester Gudrun,
die mich ertragen und geliebt hat,
mit all meinem Zorn, meinem Trotzkopf und Dickkopf.

Danke an meinen Bruder Friedhelm, der mir immer
beistand und mir viele spannende Dinge gezeigt hat.

Danke an meine Tante „Kathrinchen", für die
wunderschönen Shopping-Ausflüge.

Danke an meinen Mann Hennes,
der in mein Herz geschaut hat und bis heute darin wohnt.

Danke an meine Tochter Laura, die mich mit ihrer
chaotischen, kreativen Art immer wieder stolz macht.

Danke an alle Allendorfer,
meine Freunde, Verwandten und Bekannten,
die mich zu dem gemacht haben, was ich heute bin.

Danke an meine Autorin Regina Käsmayr,
die mir meinen Traum vom eigenen Buch erfüllte
und mittlerweile eine gute Freundin ist.

Danke an meine Fotografin Tina Laser,
die mich so wunderbar in Szene setzte.

Gunhild Krämer-Kornja